DIOS TE CREO PARA DOMINAR

OTONIEL FONT

Publicado por: Benedetto, Inc.
P.O. Box 3018, Carolina PR 00984
www.otonielfont.com

Editoras: Shirley Font y Ofelia Pérez
Miracle Editors
www.miracleeditors.com

Diseño de cubierta e interior:
Lord & Loly Graphics Designs
www.lord-lolydesigns.com

A menos que se indique lo contrario, las citas bíblicas fueron tomadas de la Biblia Nueva Versión Internacional.

ISBN # 978-0-615-62011-4

Impreso en Puerto Rico.

DEDICATORIA

A todos los Nacidos en Casa quienes a través del discipulado de la Iglesia Fuente de Agua Viva en Carolina nos han permitido adiestrarlos para dominar y tomar poseción de todo lo que Dios nos ha entregado.

AGRADECIMIENTOS

Desde que decidí seguir el llamado al pastorado que Dios puso en mi vida, el cual le fue revelado a mis padres aún antes de yo haber nacido, Dios me ha asignado personas para trabajar a nuestro lado sin las cuales el camino hubiese sido más arduo. Nuestro ministerio no ha sido un cuento sacado de una historia de hadas, sin embargo, hoy puedo dar testimonio de que a pesar de que Dios nos ha entregado grandes templos y medios de comunicación, es la gente que ha estado ahí con nosotros a quienes considero mis más grandes activos, ministerialmente hablando.

Agradezco a cada pastor que ha decido caminar con nosotros en esta aventura de fe y que ha permanecido a pesar de la turbulencia, el tiempo profético de Dios se ha acercado, juntos veremos el cumplimiento de cada promesa.

Agradezco a cada líder de nuestra Iglesia Fuente de Agua Viva en Carolina quienes semana tras semana dan lo mejor de sí para recibir, servir y ministrar a los miles de feligreses que Dios nos ha asignado.

Agradezco a cada obrero preparado y adiestrado en nuestra Academia de Obreros, su pasión por el evangelio y el ministerio me motiva cada día.

Agradezco a todos los que laboran con nosotros en la iglesia y los medios de comunicación. El cumplimiento de sus labores con pasión y amor me recuerda la gran responsabilidad que Dios nos ha dado.

Pero mi más especial agradecimiento hoy es para lo que llamamos en la oficina el **"Senior Staff"**, con ellos me reúno semana tras semana, para trabajar, planificar y visualizar el futuro de todo el ministerio. Ellos trabajan, muchas veces sin el debido reconocimiento. Este grupo me ayuda a mantener los pies en la tierra. Es este grupo cuida mis espaldas. A este grupo que ha aprendido a seguir la voz de Dios sin cuestionar. A mi querido "Senior Staff", oro para que Dios recompense su esfuerzo y amor para conmigo, mi familia y el ministerio que me ayudan a dirigir estableciendo el dominio para el cual Dios nos ha creado y estratégicamente posicionado.

CONTENIDO

DIOS TE CREO PARA DOMINAR

INTRODUCCION

"... y dijo: «Hagamos al ser humano a nuestra imagen y semejanza. Que tenga dominio sobre los peces del mar, y sobre las aves del cielo; sobre los animales domésticos, sobre los animales salvajes, y sobre todos los reptiles que se arrastran por el suelo. Y Dios creó al ser humano a su imagen; lo creó a imagen de Dios. Hombre y mujer los creó, y los bendijo con estas palabras: Sean fructíferos y multiplíquense; llenen la tierra y sométanla; dominen a los peces del mar y a las aves del cielo, y a todos los reptiles que se arrastran por el suelo"
(Génesis 1: 26-28, NVI)

Los hijos de Dios estamos destinados a ejercer dominio sobre todo en la tierra porque Dios creó al hombre para co-dominar con El. Dios fue muy explícito cuando le dio la orden a Adán con palabras de bendición, otorgándole la capacidad, el poder y la autoridad: **"Sean fructíferos, multiplíquense, llenen la tierra, sométanla y dominen".** Además de expresar Su mandato, Dios indicó el orden del proceso que tiene que pasar el hombre para llegar a la posición de dominio que le corresponde.

El camino hacia el dominio es un proceso que tienes que atravesar, para alcanzar el nivel de autoridad donde Dios puede confiarte mayores cosas y demostrar progreso en tu vida. La iglesia moderna ha enfatizado, especialmente en los pasados años, este aspecto de dominio y autoridad. Queremos dominio sobre la pobreza y la enfermedad. Por eso se habla tanto de guerra espiritual, batalla espiritual, autoridad del reino de Dios, porque en todos nosotros está el deseo de dominar y de asumir autoridad.

Ese fue el problema que hubo con los 12 discípulos. Lo que ellos querían, igual que todo el pueblo de Israel, era que llegara el día en que los israelitas gobernaran sobre el pueblo romano y dominaran a aquellos que los habían oprimido durante tanto tiempo. Los discípulos llegaron a entender cuál era el Reino de Dios, precisamente porque fueron enseñados por el Maestro. Sin embargo, el pueblo de Israel nunca aceptó a Jesús como el Mesías, como el Redentor, porque no interpretaba correctamente la palabra profética. Ellos creían que el Mesías venía a darles control sobre el sistema político existente, sobre el gobierno que los dominaba.

Jesús vino a darle al hombre dominio sobre sí mismo. A través de Jesús, Dios vino a darnos dominio sobre nosotros mismos, y a demostrarnos nuestra capacidad de asumir autoridad sobre nuestas vidas.

Fructifíquense, multiplíquense, llenen la tierra, sométanla y dominen. Esa fue la orden de Dios. Dios te creó para reinar sobre la tierra; para ejercer dominio sobre todo en la tierra, pero es necesario que pases por el proceso que te preparará. Primero, desarrolla comunión con Dios para que puedas fructificar. Después de que fructifiques, multiplícate. Cuando te hayas multiplicado, llena la tierra. Luego de llenar la tierra, sojuzga. Entonces estarás en posición de señorearte o dominar. Sólo podrás llegar a dominar completa y correctamente cuando lo hagas en el orden que Dios estableció.

Cada una de las etapas que te explico en este libro es un concepto amplio y profundo que aplica a tu hombre espiritual y a tu hombre natural. Asegúrate de comprenderlas en toda su extensión y de seguirlas paso a paso. Enfréntate con integridad a tus rasgos personales, hábitos y/o conductas que te impiden alcanzar el dominio que te fue dado por Dios. Revísalos, si es necesario, pero aprópiate de esta bendición. Dios te creó para dominar la tierra.

Bendecidos,

Pastor Otoniel Font

Parte I
Primer paso

FRUCTIFÍCATE

Capítulo 1

Productividad y capacidad administrativa en el mundo natural

Trabaja. Empecemos por algo tan sencillo como eso. La Palabra de Dios dice en 2 Tesalonicenses 3:10: **"Porque incluso cuando estábamos con ustedes, les ordenamos: El que no quiera trabajar, que tampoco coma".**

Cuando lees ese verso, piensas que se refiere a los impíos, o sea, los mundanos. En realidad, no se limita a los mundanos. En este caso, se alude a los mismos cristianos. Dios hace una transferencia entre infieles. Para Él, tan infieles son los cristianos que no obedecen Su Palabra, como los impíos.

Leamos la Parábola de los Talentos en Mateo 25:14-30:

"El reino de los cielos será también como un hombre que, al emprender un viaje, llamó a sus siervos y les encargó sus bienes. A uno le dio cinco mil monedas de oro, a otro dos mil y a otro sólo mil, a cada uno según su capacidad. Luego se fue de viaje.

El que había recibido las cinco mil fue en seguida y negoció con ellas y ganó otras cinco mil. Así mismo, el que recibió dos mil ganó otras dos mil. Pero el que había recibido mil fue, cavó un hoyo en la tierra y escondió el dinero de su señor. Después de mucho tiempo volvió el señor de aquellos siervos y arregló cuentas con ellos. El que había recibido las cinco mil monedas llegó con las otras cinco mil. "Señor —dijo—, usted me encargó cinco mil monedas. Mire, he ganado otras cinco mil." Su señor le respondió: "¡Hiciste bien, siervo bueno y fiel! En lo poco has sido fiel; te pondré a cargo de mucho más. ¡Ven a compartir la felicidad de tu señor!"

Llegó también el que recibió dos mil monedas. "Señor —informó—, usted me encargó dos mil monedas. Mire, he ganado otras dos mil." Su señor le respondió: "¡Hiciste bien, siervo bueno y fiel! Has sido fiel en lo poco; te pondré a cargo de mucho más. ¡Ven a compartir la felicidad de tu señor!"

Después llegó el que había recibido sólo mil monedas. "Señor —explicó—, yo sabía que usted es un hombre duro, que cosecha donde no ha sembrado y recoge donde no ha esparcido. Así que tuve miedo, y fui y escondí su dinero en la tierra. Mire, aquí tiene lo que es suyo." Pero su señor le contestó: "¡Siervo malo y perezoso! ¿Así que sabías que cosecho donde no he sembrado y recojo donde no he esparcido? Pues debías haber depositado mi dinero en el banco, para que a mi regreso lo hubiera recibido con intereses. "Quítenle las mil monedas y dénselas al que tiene las diez mil. Porque a todo el que tiene, se le dará más, y tendrá en abundancia. Al que no tiene se le quitará hasta lo que tiene. Y a ese siervo inútil échenlo afuera, a la oscuridad, donde habrá llanto y rechinar de dientes."

En resumen, vemos que uno de los siervos no hizo lo que tenía que hacer con el talento que se le dio. Por eso se le quitó y se le dio a otro. Si tú eres infiel con lo que Dios te ha dado, Dios te lo va a quitar a ti y se lo va a dar a otro que es fiel.

Aquel hombre repartió los talentos sin que ninguno de los siervos hubiera demostrado su capacidad administrativa. Le dio a un siervo lo que pensó que él podía administrar: cinco talentos. A otro le dio dos talentos, confiando que podía manejarlos. Al tercero, sólo le dio un talento, pues entendió que esa era la cantidad que podía manejar. Vimos que ni ese poco pudo administrar. ¿Y qué hizo Dios? Se lo quitó al que no pudo manejar uno, y se lo dio, al que más tenía, al que tenía cinco talentos. En palabras simples, le multiplicó los talentos. Todo esto ocurrió entre los mismos siervos; no fue entre gente del mundo.

Cuando Dios confía algo en ti, sin tú haber demostrado tu capacidad administrativa, si tú fallas y no fructificas, desobedeces Su primer mandato hacia ejercer dominio. Él entonces, no te puede llevar a la segunda etapa de multiplicación.

El problema es que la conciencia que tenemos es muy diferente a la de Dios. Tratamos de espiritualizar nuestros deseos carnales. Hay mucha gente vaga en este mundo, no quiere trabajar, entonces vienen a la iglesia. Siguen siendo los mismos vagos, pero ahora usan la Biblia para justificar que Dios los va a bendecir sin ellos tener que hacer algo. Es ilógico y totalmente opuesto a lo que dice la Palabra. Por supuesto, no fructifican y se tronchan el camino al dominio.

Capítulo 2

Se interrumpe la bendición

En Génesis 9:1 dice: **"Dios bendijo a Noé y a sus hijos con estas palabras: Sean fecundos, multiplíquense y llenen la tierra".**

Fíjate que Dios no le dijo lo mismo que a Adán. A Adán, el hombre perfecto, le dijo: **"...y los bendijo con estas palabras: Sean fructíferos y multiplíquense; llenen la tierra y sométanla; dominen a los peces del mar y a las aves del cielo, y a todos los reptiles que se arrastran por el suelo" (Génesis 1: 28).**

Cuando Dios habló con Noé después del diluvio, la tierra había sido destruida, tenía que llenarse otra vez y El lo bendijo, pero dejó la bendición a mitad. Le dijo: **"Sean fecundos, multiplíquense y llenen la tierra".** No le dijo ni que la sometiera, ni que la dominara. ¿Por qué? Porque el corazón del hombre estaba en ese momento inclinado a lo malo y Dios no confiaba en él para administrar ni dominar.

Dios no le pudo decir a Noé que completara el camino hacia el dominio, aún cuando había sido un hombre fiel y obediente. Este hombre siguió las instrucciones de Dios aún cuando, hasta el momento, la humanidad no conocía lo que era la lluvia, mucho menos podían concebir las posibilidades de un diluvio. Arriesgó todo, buscó madera, construyó el arca, metió los animales adentro, entró con su familia, sobrevivió el Diluvio y le salvó la vida a muchos. En fin, todo fue milagro tras milagro. Mientras Noé, su familia y los animales vivieron en el Arca, la gente afuera murió.

Cuando todo se estabilizó, las aguas se recogieron y la tierra se secó, todos los que estaban con Noé salieron del Arca para comenzar su vida. Allí en las montañas de Ararat, Noé construyó un altar a Dios y presentó una ofrenda. Esto movió el corazón de Dios. Dios lo bendijo, pero el próximo verso indica que Noé se emborrachó. Por eso Dios le dijo: “tú no puedes dominar”.

En ese momento, lo único que Noé podía hacer y lo único que Dios le iba a permitir al hombre hacer era alcanzar solamente tres etapas en el camino hacia el dominio. El comportamiento de Noé reveló que su corazón no estaba totalmente alineado con Dios. Sucumbió a la condición natural del hombre y Dios decidió que el camino de Noé se iba a limitar a fructificar, multiplicar y llenar la tierra. Jamás llegaría a tomar dominio.

Dios tuvo que esperar que viniera un hombre con el corazón correcto: un hombre que estuviera dispuesto a pasar por el proceso hacia el dominio para poder entregarle la administración de todo en la tierra. Ese fue Jesucristo. Por eso es que Cristo tiene la administración de los dones, y el Espíritu Santo es quien le da a cada uno lo que le corresponde. Ese corazón correcto de Jesús recibió la capacidad absoluta de dominio. Dios le ha dado un nombre que es sobre todo nombre. Por causa de lo que Jesús hizo, tú y yo podemos cualificar para lo que Dios le prometió al primer Adán. Tú y yo sí podemos fructificar, multiplicar, **llenar la tierra, someterla y dominarla,** si alineamos nuestro corazón al corazón de Dios.

¿Interrumpiste tu bendición?

Vuelve al caso de Noé. Un hombre entregado cien años a una obra, perdió la bendición del dominio en un minuto. ¡Qué pena que una obra de cien años tú la puedas destruir con un minuto de una falta de carácter! La realidad es que tú eres el único culpable y responsable; no le eches la culpa a otro.

Tal vez tú construiste un arca y pasaste el diluvio. Dios te dio la oportunidad de que vuelvas a rehacer tu tierra y a llenarla de nuevo. Ten mucho cuidado; no vaya a ser que te bajes de tu arca y eches a perder lo que tanto tiempo y esfuerzo te ha costado. No vuelvas a llenar la nueva tierra con los mismos problemas que tenías antes de entrar en el Arca. Si lo haces, tendrás que vivir con ellos por el resto de tus días.

Entiende bien el alcance de la nueva oportunidad que Dios te dio. Cuando aceptas a Cristo como tu Salvador, Él borra tu pasado de una vez. En Él tenemos un hombre que sabe administrar porque tiene el corazón del Padre y conoce a perfección el corazón del Padre. Para administrar, hay que saber seguir instrucciones porque no se trata de administrar lo que piensas es tuyo, sino de hacer lo que el Padre te diga. Ser administrador no es ser el dueño. El que administra no hace su voluntad, sino la voluntad del dueño. No se trata de hacer tu voluntad, sino la voluntad de Dios.

Después de que tú fructificas, te multiplicas y llenas la tierra, tienes que hacer lo que Dios te diga con lo que tú fructificaste, multiplicaste y llenaste. La actitud no puede ser "como yo fructifiqué, yo multipliqué, yo llené, yo hago lo que yo quiera". Si permites que se vuelva a dañar tu corazón después de tu oportunidad, perderás la bendición y nunca dominarás.

Nuestra meta debe ser completar el proceso para el dominio. Y el proceso es bien fácil. Son estas cinco etapas: fructificar, multiplicar, llenar la tierra, someterla, y entonces Dios te entregará todo el dominio. Dios irá ajustando y arreglando la condición de tu corazón para poder llevarte a ese nivel.

Sin comunión con Dios, no hay fructificación.

La comunión es esencial

Desde la creación, el hombre siempre quiso tener dominio. El problema fue que Eva quiso dominar sin pasar por el proceso. La clave principal para fructificar, continuar el proceso y alcanzar el dominio, es la comunión. Para fructificar, que es la primera etapa hacia el dominio, tienes que estar conectado a tu Creador.

La Biblia dice en el libro de Juan 15: 1-4:

"Yo soy la vid verdadera, y mi Padre es el labrador. Toda rama que en mí no da fruto, la corta; pero toda rama que da fruto la poda para que dé más fruto todavía. Ustedes ya están limpios por la palabra que les he comunicado. Permanezcan en mí, y yo permaneceré en ustedes. Así como ninguna rama puede dar fruto por sí misma, sino que tiene que permanecer en la vid, así tampoco ustedes pueden dar fruto si no permanecen en mí".

Jesus es la vid verdadera y nosotros, los pámpanos. Separados de Él nada podemos hacer. La Biblia habla constantemente de dar frutos, y para dar frutos, hace falta comunión con Dios.

Verás constantemente en la Palabra de Dios, que los hombres son representados a través de los árboles. Por eso es que el Salmos 1 dice:

"Bienaventurado el hombre que no anduvo en consejo de malos, ni anduvo en camino de pecadores, ni en sillas de en escarnecedores se ha sentado, sino que la ley de Jehová está en su delicia. Dichoso el hombre que no sigue el consejo

de los malvados, ni se detiene en la senda de los pecadores ni cultiva la amistad de los blasfemos, sino que en la ley del SEÑOR se deleita, y día y noche medita en ella.

Es como el árbol plantado a la orilla de un río que, cuando llega su tiempo, da fruto y sus hojas jamás se marchitan. ¡Todo cuanto hace prospera! En cambio, los malvados son como paja arrastrada por el viento. Por eso no se sostendrán los malvados en el juicio, ni los pecadores en la asamblea de los justos. Porque el SEÑOR cuida el camino de los justos, mas la senda de los malos lleva a la perdición".

Así llegamos al fruto del espíritu; es la conexión que el hombre tiene con Dios. La base primordial de la fructificación, es la comunión con Dios...la conexión con Dios...el contacto. El dominio va a llegar en Su orden, mientras haya conexión, mientras haya contacto, mientras haya esa comunión. Esa comunión, a su vez, trae la sujeción y obediencia para continuar caminando hacia las etapas del dominio.

Capítulo 3

La Palabra de Dios dio la orden

No es casualidad que el deseo innato de cada ser humano sea prosperar y fructificar. Lo lleva grabado en su espíritu desde su creación. Si hoy no sientes deseos de alcanzar mayores cosas, alguien ha cortado tus raíces. Porque el deseo original que existe en el hombre y que debe existir, por mandato divino, es cumplir con la voz del que lo creó. Lo primero que retumbó en el corazón y en el espíritu del hombre fue la orden de fructificar.

Tenemos que entender que el Sol se sostiene hoy por la palabra de Dios. Dios dijo: "Sea la luz". Y fue la luz. Y después hizo lumbreras para que alumbraran de día y de noche. Es la Palabra de Dios la que sostiene a ese Sol y lo sostiene a tal nivel que, si ese Sol se pegara unos grados más a la tierra, nos quemaríamos. Y si se despegara unos grados más lejos de la tierra, nos congelaríamos.

Y lo que sostiene a ese sol ahí en ese lugar, es que hace millones de años atrás, la voz de Dios dijo: el sol va a estar ahí y va a permanecer. Ese sol se sostiene por la palabra y todavía hoy ese sol, se sostiene por una cosa: Dios le dijo que tenía que estar ahí. La Biblia dice: ¿por qué el mar no entra a la tierra? Porque Dios le dio una Palabra y cada vez que el mar entra, tiene que retroceder. Ese mar no entra a la tierra y no se queda en la tierra, por una sola cosa: hay una Palabra que le dice que tiene que regresar.

Pastor, ¿pero cómo usted explica los tsunamis? Sí, entraron, pero tuvieron que salir otra vez, por la Palabra. Esa misma Palabra que le da la orden al mar, es la misma Palabra que le da la orden al Sol, a la Luna, a las aves, a los animales y a la lluvia. Es la misma Palabra que hace que la tierra florezca día tras día. Independientemente de nosotros, esta tierra va a fructificar porque Dios le dijo a la tierra que fructificara, se multiplicara, que creara más árboles y que progresara.

Mateo 24:35 dice: **"El cielo y la tierra pasarán, pero mis palabras jamás pasarán".** Esa misma palabra, esa misma voz fue la que habló a tu corazón. Así que quieras o no quieras, si tú no fructificas, estás yendo en contra de una palabra que se dio a tu vida hace millones de años. Cada noche que te acuestas, cada mañana que te levantas, esa Palabra sigue ahí. Quizás esa Palabra te resulta incómoda en la situación en que te encuentras. Tal vez tú vas a tratar de apagar esa voz, o vas a tratar de acomodarte, o hasta vas a buscar todas las excusas para no prosperar. La gente que predica en contra del mensaje de prosperidad y del progreso, lo que quieren hacer es apagar la orden que Dios nos dio en el momento de la Creación del mundo.

Leamos Isaías 55:11 y verás que no tienes otra alternativa espiritual que fructificar.

"...así es también la palabra que sale de mi boca: no volverá a mí vacía, sino que hará lo que yo deseo y cumplirá con mis propósitos".

Por eso es que cada vez que tú ves tu chequera vacía, dices: "tengo que hacer algo". Cada vez que entras a tu casa, dices: "esto tiene que cambiar". Cada vez que vas a tu trabajo, hay una voz dentro de ti que te dice: Tienes que fructificar. Tiene que haber frutos en tu vida. Hay una Palabra que se te dio que retumba en tu corazón, día tras día. O te alineas a esa Palabra, o pelearás contra ella por el resto de tu vida.

La Biblia dice: "¿Qué sacas con darte cabezazos contra la pared?" (Hechos 26:14) Esa palabra te va a molestar. Esa Palabra va a estar ahí hasta que la aceptes, y digas "Señor, es verdad, no me queda otra opción. Tengo que fructificar y que Tú hagas algo en mi vida".

Capítulo 4

Se recorta sólo para crecer y producir

Tú no puedes vivir toda tu vida haciendo recortes, eliminando, reduciendo...Tú debes recortar, con el solo propósito de crecer. Si el jardinero o agricultor quiere que el árbol crezca, le corta ramas. Pero si tú recortas de más en tu vida y cortas el deseo de prosperar, entonces cometerás un gran error.

Esto es lo que le ha pasado a mucha gente en este tiempo de recesión económica. Han tenido que recortar tantos gastos, que también han recortado en su espíritu. En este tiempo, muchos han tenido que eliminar sus salidas a los restaurantes, la compra de alimentos, la ropa, el cable TV. Se molestan al punto de adoptar la actitud incorrecta: deciden no prosperar para no tener que recortar.

A decir verdad, en la vida siempre habrá un día en el que tengas que hacer recortes. En el mismo libro de Juan dice que la vid tiene que crecer, el pámpano tiene que habitar y la vid hay que recortarla (Juan 15:1-6). Cuando se recorta, da más frutos. Y después cuando da más frutos, ¿qué vuelve a hacer Dios? La vuelve a recortar para que dé más frutos. Y luego, ¿saben lo que tienen que hacer? Recortarla de nuevo para que dé ahora más frutos. No hay nada malo en podar el árbol para hacerlo más bonito y más productivo. El error está en cortar las raíces y el espíritu de fructificar.

Nunca escojas ser pobre. Esa no es tu naturaleza. Lo único bueno que tú sacas de la pobreza es lo que tú aprendas de ella. El que no aprende de la pobreza, se queda pobre para el resto de su vida. La pobreza te va a enseñar quiénes son tus buenos amigos y quiénes no. Y es necesario que aprendas bien esto porque de lo contrario, cuando seas rico, vas a tener un montón de lapas pegadas al lado tuyo que vas a estar alimentando, pensando que son algo que no son. Así que sácale algún provecho al tiempo de la pobreza.

Cuando fructifiques y seas rico, puedes obtener un aprendizaje adicional a todos los beneficios que disfrutarás. La riqueza te va a enseñar quiénes son los que te envidian; quiénes son tus verdaderos amigos y quiénes no. Cuando venga tu tiempo de riqueza, tú sabrás en quién invertir esa riqueza, y habrá satisfacción en tu vida, porque habrás aprendido.

Ten siempre presente que ni tú mismo puedes ir en contra de la Palabra que retumba en tu interior constantemente, desde la Creación, una sola cosa: **FRUCTIFICA**. Esa voz te dice que tienes que prosperar, que tienes que crecer, que tienes que seguir hacia delante, que dentro de ti está la capacidad de producir y alcanzar cosas nuevas. Es como una fuerza que te mueve a expandirte para extender tus ramas. Recorta todo lo que está de más, menos el espíritu de la Palabra que te dice que prosperes.

Nunca recortes el espíritu ni el deseo de prosperar y superarte.

FRUCTIFICA, FRUCTIFICA. Piensa que este año va a ser un año más fructífero que el anterior. Este año vas a terminar con más dinero en la cuenta de banco, vas a sembrar más y tendrás menos deudas. Este año los activos de tu familia van a crecer. Tu espíritu tiene que despertar a esta verdad. Tú tienes que fructificar, a la luz de los principios bíblicos.

Hay unos principios que van a gobernar el nivel de fructificar, el nivel de multiplicar y el de llenar la tierra. Dentro de la comunión que necesitas tener con Dios, está el primer principio que gobierna la ley de fructificación: **la ley de la siembra y de la cosecha.**

Todo el que quiera fructificar, multiplicar y llenar la tierra, tiene que aprender que va a tener que sembrar para cosechar. Te pregunto: ¿tú quieres fructificar? Pues tienes que sembrar. La ley de siembra y cosecha es la misma en el mundo espiritual que en el mundo natural.

Visualiza esta analogía. Las personas que tienen un huerto en su casa saben cuándo y dónde sembrar una semilla para que se reproduzca saludablemente. Tienen en cuenta la tierra, en qué area le da mucho sol y a qué horas, si necesita sombra y si le cae mucha o poca lluvia. Saben si necesita mucha o poca agua, qué abono y cuánto. Tienen que limpiar la tierra de los insectos y yerbas malas que se comen las semillas y no les permiten crecer.

Luego siembran la semilla, esperando que se reproduzca en una planta bonita, grande, frondosa y que dé fruto o flor, según su especie. Nadie malgasta su tiempo para sembrar, sin esperar que la planta germine en su tiempo. Y, por supuesto, si sembraron semilla de amapola, esperan ver crecer una amapola. Si quieren ver, a su tiempo, toda una verja de amapolas, tienen que sembrar muchas semillas de amapolas, para que, literalmente, se vaya llenando la tierra.

El sembrador conoce que habrá tiempos extremos que afectarán su cosecha, pero quiere que su huerto fructifique en todo tiempo. Por eso siembra semillas capaces de sobrevivir al frío y al calor, al día y a la noche, al invierno y al verano.

Así mismo, si tú quieres fructificar, tienes que aprender dos cosas: a sembrar, en todo tiempo, la semilla correcta; y a sobrevivir en situaciones extremas. La Palabra de Dios te compara a menudo con el árbol porque el árbol que resiste el invierno es el único que puede prosperar en la primavera.

El invierno va a llegar tu vida y las hojas se van a caer. Lo que no puedes permitir es que la raíz se seque porque ella es la base de tu fructificación. Si has pasado momentos difíciles en tu vida y todavía estás aquí, dale gracias a Dios. Si eres capaz de entender que tu invierno va a terminar, cuando llegue la primavera, tú vas a fructificar.

Mi propósito principal en este libro es desenmascarar todo pensamiento que te haya cortado el deseo de prosperar. Tú no fuiste hecho para la miseria, tú no fuiste hecho para la maldición. Olvídate de que te critiquen; deja que otros digan lo que quiera. El primer sello que Dios puso en tu espíritu fue "FRUCTIFICA". Tú fuiste creado para dar frutos.

Elimina lo que no fructifique

"Entonces les contó esta parábola: Un hombre tenía una higuera plantada en su viñedo, pero cuando fue a buscar fruto en ella, no encontró nada. Así que le dijo al viñador: Mira, ya hace tres años que vengo a buscar fruto en esta higuera, y no he encontrado nada. ¡Córtala! ¿Para qué ha de ocupar terreno? ´Señor —le contestó el viñador—, déjela todavía por un año más, para que yo pueda cavar a su alrededor y echarle abono" (Lucas 13: 6-8).

Durante tres años este hombre había ido a buscar los frutos de su árbol de higuera y no los halló. Te pregunto: ¿cuántas veces Dios ha venido a ti y no ha podido ver tus frutos? Cada vez que el Señor viene, viene a buscar frutos. Al encontrarse este hombre que la higuera era una pérdida de tiempo le dijo al viñador: "Córtala". Era evidente que no valía el esfuerzo seguir desperdiciando un espacio en el terreno.

Suena duro, pero si tú no prosperas, estás ocupando espacio de más. Si tú no progresas, te conviertes en un parásito. El hijo que no prospera ni madura, que es un mantenido, se convierte en un problema. Y es que lo que no prospera ocupa espacio de más. Así ocurre con negocios y gente a tu alrededor; están ocupando un espacio de más.

Fíjate qué interesante lo que ocurrió con esta higuera. Cuando el Señor le dice al viñador que corte el árbol, este le suplica que le permita un año más. "Señor déjala todavía este año hasta que yo cave alrededor de ella y la abone", le dijo el viñador. En otras palabras, "déjame hacer algo más, dame una oportunidad".

Hay higueras a las que se le da una oportunidad. Hay otras higueras que hay que maldecirlas en el momento. ¿Cuáles son las higueras que se maldicen en el momento? Las higueras junto al camino. Cristo se encontró con una higuera junto al camino, que provocó que Él se saliera del camino. Jesús fue a la higuera buscando fruto para comer. Cuando no lo halló, lo único que dijo fue: "nunca más nadie coma fruto de ti". Y la Biblia dice que al instante la higuera se secó de raíz.

Hay higueras en tu vida que necesitan ser cortadas para que no te impidan progresar.

Por lo general, el árbol se seca de arriba hacia abajo. Sin embargo, Cristo secó la higuera desde su raíz porque cuando Cristo corta, corta de abajo hacia arriba y de adentro hacia afuera. Él se aseguró de que aquel árbol no creciera más. Y hay cosas en tu vida que hay que cortarlas desde las raíces, aunque hay otras que requieren paciencia.

La primera higuera de la que hablamos tenía potencial porque estaba en una viña. Una de las razones por las que se plantaban árboles de higuera en los viñedos, era porque el árbol de higuera influenciaba el sabor de la viña. Esta parábola tiene que ver con el pueblo de Israel y con los gentiles. La otra higuera, la que Jesús secó, estaba junto al camino. La diferencia entre estos dos árboles era la calidad del terreno en el cual habían sido plantadas.

Si tú quieres realmente fructificar, tienes que saber primero dónde tú estás plantado. Mucha gente quiere fructificar, pero no han analizado dónde están sus raíces. ¿Dónde están tus raíces? ¿Dónde estás plantado? Tú tienes que saber que, así como la higuera, tú también estás plantado en tu trabajo, tu iglesia, tu matrimonio para hacer una aportación que nadie más va a hacer.

Si tú no produces, no vas a poder hacer lo que te corresponde, y estás ocupando espacio de más. En vez de contribuir con la viña, lo que estás haciendo es quitarle los nutrientes que la viña necesita.

Hay cosas en tu vida quepor un tiempo, como la higuera del viñedo, le dieron sabor a tu viña, pero hoy le están quitando nutrientes. Tienes que tomar una decisión: o las eliminas o les das una oportunidad. Por ejemplo, si hay relaciones en tu vida y tú ves que esa persona está haciendo un esfuerzo y busca de Dios, dale un tiempo, una oportunidad. Si no fructifican, termina y aléjate porque te quita los nutrientes y te drenan la existencia, sin que te dés cuenta.

Hay negocios que si no producen, tienen que cerrar. Date cuenta: no era la voluntad de Dios, sino un capricho tuyo. Sé paciente, dale un tiempo, ve y observa, y haz lo que tengas que hacer. Mantén la conciencia de que si no produce, tiene que cerrarse. El que no esté dispuesto a cortar, no puede dominar porque si no corta, sacrifica toda la viña. Nunca permitas que tus emociones te impidan cortar el árbol que no está cumpliendo con su propósito.

Hay gente que por no entregar un carro, por ejemplo, llevan al fracaso a toda su familia. Mejor entrega el carro a tiempo, que después Dios te dará uno más grande. "Pero es que me avergüenzo porque yo lo presenté allí en la iglesia como que Dios me lo dio". Pues Dios no te lo dio, porque si tienes que cortarlo no fue Dios quien te lo dio. Si no lo vendes a tiempo, te dañas el crédito y atrasas el momento cuando Dios te pueda dar uno mejor.

Conozco empresarios que contratan empleados, y después le dicen a Dios: "Señor, bendícelo y llévatelo a un trabajo mejor. Señor, yo quiero lo mejor para ese empleado, que lo prosperes, que lo bendigas, pero lejos de mí". Y Dios te dice: "Tú lo empleaste, tú lo sacas".

De vuelta a la parábola de la higuera, analicemos por un momento la actitud de estos dos hombres. El dueño de la viña dice que como la higuera no produjo, hay que cortarla. El viñador intercede por la higuera para que le den una oportunidad. En su contexto más revelador, la persona que dice que la corte, era el Padre y el que intercedía era Cristo. El Padre es el que dice: "¿No produce? Córtala". Y Cristo es el que dice: "Yo voy a hacer algo, le voy a dar un tiempito". Y entonces el Padre dice: "Por Ti, por Ti yo le voy a dar un tiempo. Pero tú tienes que saber que si no produce, hay que cortarla".

No puedes provocar que las cosas produzcan si primero no tienes la intención de cortar. El que intercedió por la higuera no cavó ni abonó hasta que se le dijo: "si no produce, hay que cortarla". Tenía que haber la intención de eliminar, para entonces motivarse a cavar y abonar. Era la única manera.

Cavar en un viñedo era parte de las costumbre judías. La razón por la que se cavaba alrededor del árbol que estaba plantado en una viña era para soltar la tierra que estaba alrededor. Era necesario soltar la tierra para que la raíz tuviera un poco de libertad para crecer. Lo interesante es que las higueras eran árboles que crecían en lugares bien hostiles, pero esta higuera estaba en un lugar bueno, y sin embargo, no había prosperado.

Tu vida, como los árboles, prospera después que eliminas lo que no produce.

A veces en nuestra vida, hay que soltar ciertas cosas para que nuestras raíces se afirmen y profundicen. El proceso de fructificar es bien tedioso porque la fructificación ocurre primero hacia abajo, de modo que hay una etapa en la cual parece que nada está sucediendo. Para tú realmente prosperar durante el proceso de fructificar, primero debes tener el terreno lo más suelto posible para que puedas hechar raíces. Cuando tú echas raíces y profundizas, el proceso de fructificación va hacia dos dimensiones: hacia abajo y hacia arriba. Mientras más hacia abajo, más tengo que mirar hacia arriba, más crece el árbol.

Este es el proceso de la mente. Tú mente siempre tiene que estar arriba, mirando hacia el cielo. Tus pensamientos tienen que estar buscando el sol, buscando revelación. El árbol crece y sus ramas se extienden hacia el sol porque lo que necesitan es revelación. Tu mente necesita mirar hacia arriba mientras tus raíces necesitan profundizar y buscar manantiales de agua.

La Biblia dice que de tu interior correrán ríos de agua viva. Mientras más tú profundizas en la Palabra del Señor y en el Espíritu Santo, logras paz en tu vida y manifiestas el poder de Dios. Hay muchas cosas que tú tienes que soltar: odios, tradiciones, gente, ocupaciones incorrectas... tienes que eliminarlos de tu vida. Te vas a dar cuenta de que cuando esa tierra se suelta a tu alrededor y haces espacio para tus raíces, tu árbol va a crecer. De nada te sirve crecer y crecer sin raíces, porque tan pronto venga la primera tormenta, tan pronto venga el primer invierno, te vas a secar. Si algo yo he aprendido en la vida es que todo tiene su tiempo.

Vamos a echar raíces. El tiempo para un buen carro llegará. Si tú lo quieres, Dios te lo puede dar, pero mejor empieza con un carro que puedas pagar, que te lleve al trabajo, que puedas ir y venir. Mientras tanto, ahorra, paga bien tus cuentas y cuida tu crédito. Sé sabio. No busques tres trabajos porque quieres mantener un carro. Si tienes que buscar más trabajos, hazlo para mantener bien a tu familia y forjar un buen futuro.

Una familia que pueda ir a la iglesia, a profundizar en la palabra del Señor, nada ni nadie la podrá detener. Se puede perder el carro o cualquier cosa, pero una familia que tiene raíces profundas, vuelve y reverdece, vuelve y prospera, vuelve y crece. Esa es la seguridad que debe tener todo árbol: que aún en las condiciones más extremas, no se corte el deseo de prosperar.

Cuáles son los dos deseos que tiene que tener el árbol? Profundizar y crecer hacia arriba. Pídele a Dios que te devuelva esos deseos: el deseo de meterte en lo profundo y de ver cosas más altas. El deseo de expandirte. El deseo de crecer. El deseo de prosperar. El deseo de ver otras cosas.

Le pido a Dios que tú recibas esta palabra y que hoy comience una nueva época para ti.

Capítulo 5

No puedes dominar sin fructificar

El retraso en alcanzar el dominio a veces ocurre porque queremos dominar sobre cosas que no hemos hecho fructificar y ese no es el orden de Dios. El problema que tiene nuestra sociedad es que la gente quiere dominar sobre cosas que ellos no han hecho producir, es decir, quiere disfrutar de lo que otros hacen.

Dios te quiere dar dominio sobre la pobreza, la maldición, la enfermedad, pero tienes que entender los principios que te llevarán a ese nivel. El problema de la Iglesia es que ha cambiado la comunión por el dominio. El principio de fructificar tiene que ver con comunión. Cuando Eva trató de dominar lo que hizo fue echar a un lado la comunión, y por consecuencia, la fructificación. Falló porque no podemos fructificar sin comunión y no podemos dominar sin fructificación.

Es preciso ver a través de toda la Biblia que todo lo que no produjo, Dios lo maldijo. Debes entender que lo primero que Dios va a hacer cuando se encuentre contigo es buscar tus frutos. Es más, Dios no permite que tú juzgues a nadie. Tú no tienes la autoridad de juzgar a nadie. Lo único que Dios permite que tú juzgues son los frutos de la persona. La Biblia dice: "Por sus frutos los conoceréis" (Mateo 7:20). Por los frutos, tú sabes a qué están conectados.

El problema es que la gente prefiere pasar juicio a la persona y no a sus frutos. Cuando se van a juzgar los frutos, hay que ser paciente, esperar a que se manifieste el fruto, y, a decir verdad, la paciencia no es algo que distingue a nuestra sociedad. No juzgo a la persona, juzgo sus frutos, y cuando yo conozco sus frutos, sé a qué está conectada. Si da buenos frutos, está conectado a un lugar de buenos frutos.

Fructifica. La Biblia dice que el árbol, aunque se sequen sus raíces, al percibir el agua, reverdecerá. Para dirigirte al camino del dominio, lo primero es fructificar. La segunda palabra que Dios le da al hombre dentro de su bendición es **"multiplícate"**. La segunda etapa hacia el dominio es la multiplicación.

Parte II

MULTIPLÍCATE

Capítulo 6

Extiéndete como el árbol

Una vez fructificaste, el mandato de Dios aumenta. Él te dijo: **MULTIPLÍCATE**. Un árbol puede crecer hasta cierto grado. Después, lo que le queda es multiplicarse, profundizar sus raíces, crecer hacia los lados y producir semillas que a su vez den frutos.

Hay gente que es fructífera en el Señor, pero no se están multiplicando. Te pregunto: ¿En qué otra persona tú te has multiplicado? Si lo vamos a ver únicamente en el aspecto espiritual, ¿a quién te has ganado para el Señor? ¿A quién has discipulado? ¿O cuando te sientas en la silla de la iglesia, te sientas al lado de la misma persona que has visto por los pasados diez o doce años? ¿En quién te has multiplicado? ¿Has crecido hacia el lado o lo único que has hecho es crecer hacia arriba?

Puede ser que tengas un problema de multiplicación. Recuerda que llega un punto donde tenemos que dar por gracia lo que por gracia hemos recibido. La única manera de crecer es dar lo que está dentro de mí: eso es la multiplicación. Lo grande es que la multiplicación es el principio o la ley espiritual que asegura la perpetuidad del hombre en la tierra. La multiplicación es el principio que asegura que algo será eterno. Si no hay multiplicación, no hay perpetuidad.

Jesús pudo haber alcanzado ser lo que fue y lo que es, que Dios le diera un nombre que es sobre todo nombre, pero si su espíritu no se hubiese multiplicado en sus discípulos, hoy nosotros no seríamos creyentes. Y lo que Él hizo y alcanzó, hoy no existiría. Lo que hace que Cristo esté vivo hoy, no es que Él esté vivo físicamente, es que Él se multiplicó en nosotros. Dios le ha dado un cuerpo glorificado, Dios lo tiene allá arriba a la diestra de Dios Padre, Él es vivo, Él es real.

Sin embargo, Jesús sólo hubiera sido un personaje histórico si no se hubiera multiplicado en sus discípulos. Él tuvo que multiplicar Su espíritu. El mismo espíritu que lo levantó al tercer día fue el espíritu que descendió sobre los discípulos y desde ahí se ha propagado la multiplicación. Lo que aseguró la perpetuidad aún de la misma vida y obra de Jesús, fue el principio de la multiplicación. Si no hay multiplicación, no hay perpetuidad.

Capítulo 7

De lo añadido a la multiplicación

Si tú no multiplicas tus finanzas, únicamente **recibirás lo que necesitas. Mateo 6:33 te habla de un nivel de prosperidad: "Más bien, busquen primeramente el reino de Dios y su justicia, y todas estas cosas les serán añadidas".**

Dice "añadidas", no multiplicadas. Lo que tú necesitas va a ser añadido. Hay un nivel de prosperidad que se llama el nivel de lo añadido. Es cuando tú añades lo que necesitas. Lamentablemente, se nos hizo creer que si por treinta años éramos capaces de suplir lo que necesitábamos con un trabajo, después nos podíamos retirar y vivir el resto de nuestras vidas con el fruto del trabajo de treinta años. Hoy nos damos cuenta de que eso es mentira. Muchos ancianos que trabajaron durante treinta años y reciben una pensión, han tenido que volver a trabajar para sustentarse.

Hay un principio más grande que el de añadir. Es el principio de la multiplicación al treinta, al sesenta y al ciento por uno. Es el principio de la sobreabundancia que te asegura realmente la perpetuidad de tu vida.

Tú tienes dos maneras de ahorrar y de tener dinero en el mundo natural. Uno: ahorras en una cuenta de banco cuyos intereses son bajísimos. Dos: inviertes en un instrumento financiero con mayor rendimiento. Si depositas el dinero en una cuenta de ahorros, ese dinero va a estar ahí, y se le va a añadir un poquito cada año. Por ejemplo, si tienes diez mil dólares, al final del año tendrás diez mil quinientos. Y después, el otro año, tendrás diez mil quinientos cincuenta. Y seguirás multiplicando por treinta años. No hay problema; se te añadirá.

Por otro lado, tú puedes hacer unas inversiones sabias en otros lugares, donde reine la ley del interés compuesto. Con la misma cantidad, en quince o veinte años, puedes tener diez veces más de lo que había en la cuenta de ahorros.

Tu vida no fue hecha para añadir. Tu vida fue hecha para multiplicarse. Es más, en el mundo que vivimos, el que no multiplica, fracasa. No tendrá éxito. Vivimos en un mundo donde todo se mueve tan rápido, que todo el mundo tiene acceso rápido a todo. Yo no hago nada más que poner un video en la Internet, y no pasa ni un minuto, y ya tengo veinte, treinta, cuarenta comentarios. Esto significa que treinta o cuarenta personas de diferentes partes del mundo han podido ver el video en tan corto tiempo.

Es más, a veces he salido de predicar en mi iglesia, y cuando llego a mi casa, ya alguien puso en YouTube el mensaje que prediqué. Hemos salido de congresos, y cuando prendo mi teléfono, me llega un mensaje con una foto del congreso. ¡Impresionante!

Todos tenemos que entender que Dios fue el primero que dijo tienes que multiplicarte. Fíjate lo que dice el libro de Éxodo 1: 8: **"Pero llegó al poder en Egipto otro rey que no había conocido a José, y le dijo a su pueblo: ¡Cuidado con los israelitas, que ya son más fuertes y numerosos que nosotros! Vamos a tener que manejarlos con mucha astucia; de lo contrario, seguirán aumentando y, si estalla una guerra, se unirán a nuestros enemigos, nos combatirán y se irán del país".** ¿Qué es lo que quería el nuevo faraón? Que el pueblo no se multiplicara.

Veamos lo que dice la Biblia en el verso 11 de este mismo capítulo: "Fue así como los egipcios pusieron capataces para que oprimieran a los israelitas. Les impusieron trabajos forzados, tales como los de edificar para el faraón las ciudades de almacenaje Pitón y Ramsés. Pero cuanto más los oprimían, más se multiplicaban y se extendían, de modo que los egipcios llegaron a tenerles miedo…".

Dios dijo, "quieren exterminarlos, pero mientras más los oprimen, más se multiplicarán". La Iglesia siempre ha crecido en tiempos de opresión y de dificultad. En el libro de Hechos vemos una iglesia siendo perseguida y oprimida, pero mientras más la oprimían, ¿qué pasaba? Más se multiplicaban porque esa es la reacción de Dios.

¿Nos quieren exterminar? Más nos multiplicamos. ¿Quieren acabar con nosotros? Más nos multiplicamos. Mientras más pelean con la Iglesia, más crece. Mientras más nos oprimen, más se desarrolla la Iglesia. Mientras más critican, más multiplicación hay, porque Dios tiene que asegurarse de que no se extienga lo que Él creó. Y no lo puede dejar, oigan bien, en las manos del mismo hombre, porque sin darnos cuenta nosotros perdimos el poder de activar la multiplicación por nosotros mismos, por nuestra conciencia de maldición.

Capítulo 8

Las semillas dentro del hombre

El principio de multiplicación, en primer lugar, asegura la perpetuidad. Este principio está íntimamente ligado al principio de la semilla. La única manera de que haya multiplicación es si hay semilla. Ahora, mira qué interesante lo que dice Génesis 1: 10-11.

> *"A lo seco Dios lo llamó «tierra», y al conjunto de aguas lo llamó «mar». Y Dios consideró que esto era bueno. Y dijo Dios: «¡Que haya vegetación sobre la tierra; que ésta produzca hierbas que den semilla, y árboles que den su fruto con semilla, todos según su especie!».*

Esa palabra "hierba", la describe mejor la palabra en español "grama", ya verás por qué. En otras palabras, Dios lo que dijo fue: "haya grama verde". Es casi una descripción entre hierba verde e hierba que dé semilla. La hierba verde tiene que ver con la grama suave, la que comen los animales. Dice: haya grama verde, hierba que de semilla y árbol que dé fruto. Dios puso esas tres cosas en la tierra para asegurarse de que siempre estuvieran.

Los hombres fuimos hechos para comer frutos; para disfrutar del resultado de la semilla. Por eso es que el hombre cambió su conciencia de bendición a una de maldición, porque en vez de vivir del fruto, trata de vivir de la semilla.

Lo interesante es que en la tierra, Dios puso tres clases de plantas: la grama, la hierba y árbol que da fruto. Cuando estudiamos esas tres semillas que Dios puso en la tierra, la semilla de la grama representa la semilla de la vida. La semilla de la hierba representa la medicina. La semilla del árbol que da fruto que representa la abundancia, la prosperidad y la provisión para necesidad.

Tú no fuiste hecho para comer grama, pero sí para disfrutar del fruto del árbol. Tú fuiste creado para la abundancia. A diferencia de los animales que fueron creados para comer de la grama, el hombre fue creado para disfrutar del fruto del árbol que crece en la grama.

Cuando Dios hizo al hombre con el polvo de la tierra. Y, ¿qué había mezclado en esa tierra? Tres semillas: la semilla de la vida, la semilla de la salud y la semilla de la prosperidad.

Dentro de cada uno de nosotros están sembradas estas tres semillas: semilla de la vida, semilla de la medicina, y semilla de la abundancia del fruto. Tu cuerpo está hecho de semilla. Por eso cuando Dios le habló a Adán, realmente le habló a la semilla que estaba en la tierra de la cual había sido formado. Dios le dio la orden a esa semilla para que fructificara, se multiplicara y llenara la tierra.

Dios puso dentro del hombre la semilla para manifestar la multiplicación.

¿La medicina, qué hace? La medicina detiene aquellas cosas que han invadido tu cuerpo, para que tu propio cuerpo dentro de sí, se sane. Lo que hace la medicina es detener los virus, las bacterias, hongos y parásitos que se han introducido en tu cuerpo, para que no se propaguen. El problema es que vivimos en tanta maldición que los virus y las bacterias se propagan más rápido que la semilla de medicina que está dentro de ti. Entonces hay que ponerle un agente externo para que detenga lo que entró de afuera, para darle un tiempo al cuerpo a que se recupere.

Todo lo que la medicina trata de hacer, sin saberlo, es activar el proceso de que la semilla de salud que está dentro de ti, se levante y se manifieste.

Por eso es que tú y yo no debemos llamar las riquezas de afuera. Tú y yo tenemos que llamar las riquezas que están dentro de nosotros. La Biblia dice que "de tu interior correrán ríos de agua viva". Cuando tú aceptas a Jesucristo como Salvador, lo que Dios hace es poner Su Espíritu dentro de ti para que cultive esa semilla que ya Él depositó cuando fuiste creado.

El impacto espiritual de la semilla

Quiero traer a tu atención un problema. Adán y Eva pecan, Dios se encuentra con ellos y dice:

> *"Pondré enemistad entre tú y la mujer, y entre tu simiente y la de ella; su simiente te aplastará la cabeza, pero tú le morderás el talón. A la mujer le dijo: Multiplicaré tus dolores en el parto, y darás a luz a tus hijos con dolor. Desearás a tu marido, y él te dominará" (Génesis 3:15).*

El hombre que fue hecho para multiplicar bendición se unió al hombre que era capaz de cargar una semilla. Profundo, ¿verdad? Permíteme explicarlo mejor. Eva realmente era una copia del hombre, a quien se le añadió un útero. En el idioma inglés esto se ve más claro. Fíjate que en inglés la palabra que se usa para mujer es: "wo**man**". ¿Qué quiere decir "woman"? Un hombre con un "**womb**": un hombre con un útero, con una matriz, con un vientre.

El varón carga la semilla, pero no tiene la capacidad de gestarla. Dios le pone a su lado una mujer para que él deposite una semilla en el vientre de ella. La mujer, por su parte, tiene la capacidad de recibir esa semilla, multiplicarla y darle vida. El hombre la deposita y la mujer la carga. En las relaciones sexuales, el hombre siempre expulsa y la mujer recibe. Por eso, al hombre se le hace más fácil tener relaciones sin amor, porque lo que hace es sacar de él. A la mujer se le hace difícil porque lo que hace es recibir. Es es la razón por la que ambos perciben el sexo de manera diferente. Para la mujer es un proceso interno, para el hombre es un proceso externo.

Regresemos a Génesis 3:15. Aquí vemos que Dios le dice a Eva que a partir de ese momento habría una batalla "en ella" y que se multiplicarían sus dolores de parto. Algunas personas creen que los dolores de parto de Eva fueron como consecuencia de su pecado. Esto es totalmente falso. Dios no le dijo a ella: "de ahora en adelante tendrás dolores al parir". Él le dijo: "Multiplicaré tus dolores en el parto". En otras palabras, "ahora tus dolores van a ser más".

La ciencia ha evolucionado y, hoy día, gran parte de las mujeres pueden parir sin dolor, mediante técnicas de concentración y medicamentos como la anestesia epidural. Sin embargo, hay personas en nuestra sociedad que entienden que la mujer debe parir sin uso de drogas que paralicen el dolor, pues la mujer recibió la orden de Dios de que debía parir con dolor. Yo le soy bien sincero, mi esposa cada vez que ha ido a parir, lo primero que hace cuando se baja del carro es pedir: "Epidural, Epidural, Epidural".

No reduzcamos la Biblia a cosas quizás triviales. ¿Cómo no va a haber dolor al parir? El cuerpo de la mujer tiene que estirarse, extenderse, ponerse flexible para abrir paso a un bebé. ¿Cómo no va a haber dolor? Lo que pasa es que ahora iba a haber más dolor. Porque cuando un hombre o una mujer se desconectan de Dios, multiplica lo erróneo.

Capítulo 9

La semilla de Dios prevalece

El dolor que iba a experimentar la mujer después de su pecado era causado por empezar a cargar dos semillas: la semilla de duda y desobediencia que puso la serpiente y la semilla de prosperidad que Dios había sembrado.

Eva le dio la oportunidad a la serpiente para que depositara en ella la semilla incorrecta, y le dejara un pensamiento negativo en su cabeza. Esta primera mujer ahora tendría una batalla interna de dos semillas, durante el resto de su vida.

Lo que estás batallando en el día de hoy, el dolor que experimentas, si tú lo analizas, es un dolor de simiente. La razón por la que hoy se multiplica y tú ves más problemas, es porque, sin darte cuenta, has dejado que se multiplique la semilla que la serpiente puso en tu vientre. Tú vas a la iglesia y lo que hay es una batalla de semillas. No hay una batalla con el diablo, sino una batalla de semillas. El mundo te dice que tú eres alguien completamente diferente a lo que Dios te dijo. ¿A quién tú le vas a creer?

El mundo sembró en ti la semilla del fracaso, pero Dios dice que tú eres más que un vencedor. El dolor que hay en vida es que tú no sabes cuál semilla dar a luz. Tienes que entender que es una batalla de simientes, una batalla de semillas. Cuando Dios le habla a la serpiente, mas bien Él se estaba dirigiendo a su semilla. Él le dijo que la simiente de la mujer le aplastaría la cabeza a la simiente de la serpiente y que la simiente de la serpiente le mordería el talón a la simiente de la mujer.

En otras palabras, ¿sabes lo que va a pasar? Tú vas a batallar y batallar, pero la semilla que yo he puesto dentro de esa mujer va a vencer. Por eso tú vas a la iglesia en busca de Cristo porque la semilla que está dentro de ti ha sido más fuerte, ha sido más grande.

Reconozco que hay dolor nuestros procesos de vida, pero la semilla de grandeza que Dios puso dentro de ti, ha sido más grande. Tú eres el producto de una batalla de semillas. Si hoy estás en el Señor es porque la semilla que Dios puso en ti venció a la semilla que el mundo te sembró.

Hay dolor, seguro que hay dolor, porque hay dos semillas ahí adentro, luchando la una con la otra. La carne te dice que tú no sirves, pero algo dentro de ti, del espíritu, te dice que tú eres un hijo de Dios. Durante esa lucha, piensas que tu cabeza va a explotar. Te encierras en tu cuarto y hasta llegan momentos en que piensas que te vas a volver loco. Todo lo que ocurre es que alguien posó una semilla incorrecta. Recuerda: todo es una batalla de semillas. Lo importante es que la semilla que Dios puso en ti va a triunfar y le va a aplastar la cabeza a todo aquello que se levante contra tu Dios. Tú eres más que vencedor.

Cuando estuviste sumergido en pecado y en problemas, hubo algo dentro de ti que te dijo: "Yo soy mejor que esto". Y cuando estás pasando por una dificultad, algo te dice: "Yo soy más grande que esto". ¿Y qué es eso, Pastor? La semilla que Dios puso en ti, peleando con la otra semilla.

Como la semilla se tiene que multiplicar, la semilla que Dios puso en ti va a triunfar. Dios le va a aplastar la cabeza, le va a quitar la autoridad a toda semilla que el mundo ha puesto en tu vida. Sin embargo, la primera autoridad que tú tienes en tu vida, no es sobre la creación, es sobre la semilla. La primera área de dominio que Dios te dio, es sobre la semilla. Lo primero que Dios le dijo al hombre fue: "Y he aquí os he dado toda planta que da semilla".

Tienes autoridad sobre la semilla

Tu primera autoridad es sobre la semilla.

Esto es bien importante. La primera autoridad que Dios te dio fue sobre la semilla. Y dijo Dios: "te he dado semilla sobre todo árbol". ¿Cuáles árboles? Sobre toda planta. ¿Qué plantas? La grama, la hierba y el árbol. Entonces le dijo: tú vas a comer del árbol, tú siempre vas a comer de arriba, del árbol, vas a comer del fruto. Y ese fruto va a tener semilla.

Dios le dio al hombre autoridad sobre los animales. ¿Cómo Adán iba a dominar sobre el león? Porque Adán dominaba la comida que comía el león. El dominaba porque Dios le había dado autoridad sobre toda semilla, sobre todo árbol y sobre todo. El hombre tenía autoridad sobre la tierra mientras mantuviera el control y la autoridad de la semilla.

¿Qué semilla tú has puesto para que Dios la haga crecer? Quien tiene la autoridad sobre la semilla eres tú. La Iglesia predica sobre prosperidad y bendición, y todo el mundo cree en prosperidad, en incremento, y en aumento, pero ¿dónde está tu semilla y tu autoridad para multiplicarla?

El mensaje que más le gusta a la gente es que la riqueza de los impíos está guardada para los justos. No obstante, si tú no vives en los principios de Dios y no eres un buen administrador de ellos, ¿tú crees que Dios le va a dar a un cristiano que no sabe multiplicar riqueza? Por eso es que Dios se lo tiene que dar a los impíos.

Los impíos tienen los recursos porque los saben multiplicar. Piensen en el Sam Walton que inventó Wal-Mart y multiplicó. Ese hombre estaba obsesionado con la multiplicación: hacer asequibles más productos a más gente, a precios más razonables.

Si le dan los millones a un cristiano vago, tratan de crear el mundo en un día, para descansar seis, o se inventa un montón de días de fiesta. Y los cuadra bien para irse de jueves hasta el martes, porque los acumula con los días de vacaciones. Si tomaran el mismo tiempo para planificar su vida, ¿prosperarían?

¿Por qué Dios no les da a los cristianos los millones de dólares que les da a los impíos? Muy fácil. Porque muchos cristianos no piensan en multiplicación. Lo que piensan es en resolver el día de hoy, esta semana o este mes. Piensan que mientras más rápido se acabe todo en esta vida, más rápido se vamos para el cielo. Piensan que como hay satélites en el mundo entero, todo el mundo está escuchando la Palabra de Dios.

Es cierto, hoy día predicamos vía satélite y pueden escucharnos hasta los indios. El problema es que necesitan televisores, y personas que le traduzcan la Palabra en su idioma. Y para hacer eso, ¿sabes lo que hace falta? Dinero.

Lo que quiero que entiendas en aunque Dios es el que da incremento, Él te dio la semilla a ti. La pregunta es: ¿qué es lo que Dios puede aumentar en tu vida? Dime qué Dios puede incrementar en tu vida, en este momento. ¿Qué semilla tú le has puesto a Dios en Su mano, que Él pueda multiplicar? ¿O lo único que está pasando en tu vida es una batalla entre las simientes que Él puso dentro de ti?

Dios le dio dos semillas al hombre. Sobre una de ellas le dio autoridad porque es la semilla que el hombre tiene que sembrar para multiplicación. Dios te da incremento sobre la semilla, pero ¿quién tiene la semilla? La semilla la tienes tú. Y hasta que tú no pienses en multiplicación y en aumento, tú no vas a poder ver todo lo que Dios tiene preparado para ti.

Dos semillas en tu mano: la Palabra de Dios y el dinero

Veamos en Lucas 8 la famosa Parábola del Sembrador:

> *"Después de esto, Jesús estuvo recorriendo los pueblos y las aldeas, proclamando las buenas nuevas del reino de Dios. Lo acompañaban los doce, y también algunas mujeres que habían sido sanadas de espíritus malignos y de enfermedades: María, a la que llamaban Magdalena, y de la que habían salido siete demonios; Juana, esposa de Cuza, el administrador de Herodes; Susana y muchas más que los ayudaban con sus propios recursos. De cada pueblo salía gente para ver a Jesús, y cuando se reunió una gran multitud, él les contó esta parábola: Un sembrador salió a sembrar. Al esparcir la semilla, una parte cayó junto al camino; fue pisoteada, y los pájaros se la comieron. Otra parte cayó sobre las piedras y,*

cuando brotó, las plantas se secaron por falta de humedad. Otra parte cayó entre espinos que, al crecer junto con la semilla, la ahogaron. Pero otra parte cayó en buen terreno; así que brotó y produjo una cosecha del ciento por uno.

Dicho esto, exclamó: El que tenga oídos para oír, que oiga. Sus discípulos le preguntaron cuál era el significado de esta parábola. "A ustedes se les ha concedido que conozcan los secretos del reino de Dios —les contestó—; pero a los demás se les habla por medio de parábolas para que aunque miren, no vean; aunque oigan, no entiendan". Éste es el significado de la parábola: La semilla es la palabra de Dios. Los que están junto al camino son los que oyen, pero luego viene el diablo y les quita la palabra del corazón, no sea que crean y se salven. Los que están sobre las piedras son los que reciben la palabra con alegría cuando la oyen, pero no tienen raíz. Éstos creen por algún tiempo, pero se apartan cuando llega la prueba. La parte que cayó entre espinos son los que oyen, pero, con el correr del tiempo, los ahogan las preocupaciones, las riquezas y los placeres de esta vida, y no maduran. Pero la parte que cayó en buen terreno son los que oyen la palabra con corazón noble y bueno, y la retienen; y como perseveran, producen una buena cosecha".

La primera semilla que Dios puso en tu mano fue la Palabra de Dios.

Los discípulos no entendieron la historia. Él se las contó y ellos no entendieron. Entonces Él tuvo que explicar la parábola. Esta es una de las pocas parábolas que Cristo explicó. Y les dijo: "Si no entienden esta, ¿cómo entenderán el resto?" Por eso fue que tomó el tiempo para explicarla y lo primero que hizo fue decirle lo que significaba la semilla, que era la Palabra de Dios.

¿Tú quieres tener autoridad en tu vida? Extiende tu mano, toma de la semilla de la Palabra, y comienza a sembrar esa semilla de Palabra en tu vida. Saca una semilla y dásela a Dios para que Él le pueda dar aumento.

¿Sabes cuán bombardeados estamos de pensamientos negativos? Todos los días, el mundo intenta depositar mala semilla dentro de nosotros. Pero la semilla de la Palabra es más poderosa que cualquier mal pensamiento que puedan poner en tu vida.

¿Cómo Dios va a aumentar esta semilla, si tú no la pones en Sus manos? Recuerda que la autoridad está en tus manos. Saca de aquí una semilla y pónsela en las manos de Dios. Reclama que esa semilla se manifieste en tu vida.

"El SEÑOR es mi pastor, nada me falta; en verdes pastos me hace descansar" (Salmos 23: 1-2).

"Bendito sea el Señor, nuestro Dios y Salvador, que día tras día sobrelleva nuestras cargas" (Salmos 68:19).

"Hiciste cabalgar hombres sobre nuestra cabeza; Pasamos por el fuego y por el agua, Y nos sacaste a abundancia" (Salmos 66:12).

"Pero lancen voces de alegría y regocijo los que apoyan mi causa, y digan siempre: Exaltado sea el SEÑOR, quien se deleita en el bienestar de su siervo" (Salmos 35:27).

Pon tu semilla a funcionar. Ponla a correr todo el tiempo. Pónsela en las manos a Dios, y espera que Él dé el aumento.

La otra semilla que hay en tu vida, que Dios te ha dado es tu dinero. Dios ha puesto en tus manos dos semillas: Su Palabra y el dinero. En el mundo espiritual, Su Palabra. En el mundo natural, el dinero. Por eso es que hay dos cosas que tú tienes que multiplicar: la Palabra y dinero.

Tú, probablemente, no quieres pensar en el dinero. Sin embargo, la Biblia dice que el dinero es la respuesta para todo. También dice que el amor al dinero es la raíz de todos los males.

"Porque el amor al dinero es la raíz de toda clase de males. Por codiciarlo, algunos se han desviado de la fe y se han causado muchísimos sinsabores" (1 Timoteo 6:10).

El tema de Timoteo no es el dinero, sino la codicia del hombre y el corazón dañado. Dime qué problema tienes hoy en el mundo natural que con un poquito más de dinero no puedas resolver. En el mundo espiritual, El te dio una semilla que resuelve los problemas: Su Palabra. En el mundo natural también te dio la semilla que resuelve los problemas: el dinero.

"El que le suple semilla al que siembra también le suplirá pan para que coma, aumentará los cultivos y hará que ustedes produzcan abundante cosecha de justicia" (2da Corintios 9:10).

El Apóstol Pablo no está hablando de la Palabra en este verso. Está hablando de tus necesidades de dinero. Él dice que Dios le va a dar pan al que come, pero le va a dar semilla al que siembra. Una cosa es que Dios te dé pan, otra cosa es que Dios te dé semilla.

La segunda semilla que Dios te dio es el dinero.

Capítulo 10

Fuiste hecho para comer del fruto

Ese es el plan del principio. No fuiste hecho para comer "pan". Tú fuiste hecho para comer el fruto de la semilla. Y Él aumentará, no tus frutos, sino tu sementera, porque si tienes la conciencia de un sembrador, siempre tendrás fruto para comer.

Dios es fiel y siempre llega a tiempo. Dios ha prometido añadir para suplir tu necesidad. Te pregunto: ¿Estás cansado de vivir en necesidad? ¿Prefieres el proceso de la multiplicación? Donde Dios ve un corazón que entiende, a ese le aumenta su sementera.

La ventaja del hombre y la mujer que entiende esto es que cuando reciben dinero, no se lo comen, sino que lo primero que hacen es planificar lo que tienen que dar y lo que pueden retener. ¿Qué parte de esto es lo que yo tengo que dar? ¿Qué parte de esto es lo que yo tengo que sembrar? ¿Qué parte de esto es lo que me corresponde a mí? Cuando Dios ve alguien así, Él le aumenta la sementera.

Mis preguntas para ti son estas: ¿Qué semilla de la Palabra le estás dando a Dios para que Él la aumente? ¿Conoces la Palabra de Dios y la confiesas con fe? ¿Sabes reclamar la Palabra para que se manifieste en ti? ¿Y qué semilla de tu dinero has puesto en sus manos para que Él la multiplique?

Parte III
Tercer Paso:

LLENA LA TIERRA

Capítulo 11

“Uno” puede hacer la diferencia

Dios creó al hombre para hacerlo co-dueño de su máxima creación, de algo poderoso, y darle autoridad. Dios quiere tener autoridad en dos niveles: en el mundo espiritual donde Él es Dios, donde nadie y nada sobrepasa su autoridad; y en la tierra donde Él le delegó su autoridad al hombre. En otras palabras, el plan es que el hombre tenga autoridad en la tierra y Dios en el cielo. Esas son las dos dimensiones en las que nos movemos. Por eso la meta de Dios es que el hombre llegue a dominar la tierra.

La tercera etapa del proceso hacia el dominio es **llenar la tierra.** Esa frase es poderosa. Nunca podrás tener dominio hasta que aprendas este tercer principio espiritual. Se llama el principio espiritual del **“Puro Potencial”.** Este principio te lleva a entender que una persona puede hacer toda la diferencia.

¿Sabes cuál es una de las estrategias más grandes del enemigo para que la Iglesia no crezca? Encerrarnos en una mente local. Esa es la mentalidad de muchos cristianos. Tienen una mentalidad demasiado local, porque no pueden pensar cómo sus vidas pueden impactar toda la tierra.

Si lanzas una piedra al lago, se producen unas ondas en el agua. Las primeras ondas son más gruesas. Luego se diluyen poco a poco. Sin embargo, las ondas de esa pequeña piedra tocan todo el lago. Esas ondas, aunque tus ojos no las puedan ver, siguen hasta la orilla de ese lago. Y ese lago jamás será el mismo porque esa piedra llegó a ese lugar. Y si una pequeña piedra puede tener un impacto tan grande en un cuerpo de agua como ese, ¿cuánto más la influencia de una persona con la conciencia de que lo que Dios puso en ella es demasiado grande para limitarlo?

El negocio que Dios ha puesto en ti es demasiado bueno. El potencial que Dios ha puesto en ti, la idea que Dios ha puesto en ti es demasiado grande, demasiado poderosa para que se quede en tu entorno. El problema es que siempre pensamos localmente. Hasta el padre de la fe, Abraham, cometió ese error.

Dios sacó a Abraham de casa de su padre y de su parentela, y le dijo: "Te bendeciré y te hará una nación grande". Así que cuando Dios sacó a Abraham de su familia, de su casa, de lo que él conocía, de la comodidad...Dios estaba pensando en una nación. ¿Qué conlleva una nación? Conlleva territorio, reyes, leyes, cultura, un sistema económico, un ejército, poseer, expandir, influenciar. ¿Cuál era toda la queja de Abraham? Quería un hijo.

La pregunta es: ¿Dios te sacó de casa de tu padre, de tu parentela, únicamente para darte un hijo? Esa es la mentalidad que Abraham tenía. ¿Tú me quieres decir que Dios te sacó del pecado, de la maldición, del problema en el que tú estabas simplemente para darte una cosa?

Cuando Dios llama a Abraham, le dice que hará de él una nación grande. Dios estaba dispuesto a darle un hijo, mientras él estuviera dispuesto a darle a Él una nación. Dios no tiene problemas con darte un solo deseo, mientras tú estés dispuesto a entender que lo que Dios quiere hacer contigo es más grande que tu región y que lo que tú puedes ver.

Si tú piensas que Dios te sacó de todo lo que te sacó para darte un simple hijo, tú no conoces a Dios porque dentro de ti, Él ve naciones. La esposa de Isaac tenía dos hijos gemelos, que batallaban dentro de ella. ¿Y qué le dijo Dios? Dentro de ti hay dos naciones. Por eso es que el salmista dice: "Pídeme y te daré las naciones". Porque la única manera de llenar la tierra, es creando una nación. Dios quiere llevarte a un nivel de expansión donde tú entiendas que tienes que pensar más grande, en algo más poderoso, a nivel global.

Tienes que comenzar a cambiar tu lenguaje. El que no sabe inglés, tiene que aprender inglés. El que no sabe Internet, tiene que aprender Internet. Tú tienes que comenzar a hablar diferente. Si yo quiero predicarle al mundo, tengo que cambiar muchas palabras locales porque si digo o escribo la palabra incorrecta, tal vez podría hacerle perder la bendición a alguien.

Los cristianos tienen que expandir su mente localista y pensar en alcanzar el mundo.

Nuestra mentalidad tiene que cambiar. Es necesario que entendamos que el testimonio de uno puede hacer la diferencia. Hoy por hoy un libro puede viajar el mundo entero a través de la Internet, llegar a miles y millones de personas, y cambiar la vida de mucha gente.

Tú no puedes pensar que lo que Dios te dio fue únicamente para dejarlo en tu casa. Él te bendijo para que impactaras al mundo. Cuando Dios te saca de un lugar, te saca para cambiar la estructura completa.

Ve conmigo al primer capítulo de Génesis.

"Dios, en el principio, creó los cielos y la tierra. La tierra era un caos total, las tinieblas cubrían el abismo, y el Espíritu de Dios iba y venía sobre la superficie de las aguas" (Génesis 1:1-2).

Las tres condiciones de la tierra en el principio eran: **desordenada, vacía y en tinieblas.** Esa palabra "desordenada", si usted la busca en inglés encuentra una traducción más certera al original: "without form" (sin forma). La tierra estaba sin forma, vacía y en tinieblas. Siempre hemos leído ese verso como un verso de maldición. Hemos leído ese verso como que todo era un caos, todo era un problema. Pero esas tres palabras representan es el **puro potencial.**

La razón por la cual hay algo sin forma es para que tú le des forma. Tal vez tu marido no tiene forma. Vuando yo oficio una boda y digo: "Aquí los bendigo marido y mujer", las muchachas piensan que yo les he entregado un hombre hecho y derecho, un hombre completo. Esto no es una varita mágica. Te toca a ti ahora formarlo, amoldarlo.

Yo no soy el mismo de hace quince años atrás. Aún hoy que nos encuentramos criando a una bebé de un año y otro en camino, mi mentalidad es totalmente diferente a cuando criamos a nuestras dos hijas mayores. Las experiencias son diferentes, mi manera de pensar es distinta. La pequeña tienen una ventaja que las otras no tienen, y las otras tienen una ventaja que esta no tiene. ¿Por qué? Porque nacieron en momentos diferentes.

Capítulo 12

Lo que el mundo entiende

Es más fácil comprar un negocio hecho, a levantar uno de la nada. Por eso es que las franquicias se hicieron tan famosas. Y por eso el efecto de franquicia es tan poderoso; porque otro pensó, creó, formó, y te lo vendió. Pero lo grande es que ese otro va a ganar de ti por el resto de tus días. Y aunque tú vas a ganar también, otro estará descansando, y tú tendrás que enviarle un porcentaje de todo lo que tú hagas, por el resto de tus días.

Simplemente, ese otro tomó algo que estaba sin forma, vacío y oscuro, lo formó, lo hizo, y lo estableció. Si hoy tú quieres comprar un Mc Donald´s, la "M" sola te cuesta más de un millón de dólares. Es una de las franquicias más estructuradas, por lo cual tienen tanto éxito: repiten su fórmula todo el tiempo. Mc Donald´s ha hecho lo que las iglesias no han hecho y deberían hacer. No importa si eres africano o puertorriqueño, donde quiera que tú veas una M amarilla, tú sabes que allí hay hamburgers y papitas.

Mc Donald´s ha cumplido con Génesis 1:28, mejor que los cristianos. Y lo logró porque hubo un hombre que pensó, no como vendedor de hamburguesas. Ray Croc fue a vender licuadoras a un restaurante de los hermanos Mc Donald. Aquel sitio era tan productivo que Ray Kroc motivó a los hermanos Mc Donald para que abrieran otro local, para venderles las licuadoras. Ellos ellos abrieron el segundo local, pero era muy complicado y se lo vendieron a Ray Kroc.

¿Por qué uso este ejemplo tan carnal? Porque ellos han entendido el evangelio mejor que nosotros; han entendido la orden de Dios. El mundo está buscando cómo expandirse, pero nosotros en la Iglesia estamos enfocados en nuestra esquinita, cuando la Biblia dice que Él pagó el precio de la sangre en la cruz del Calvario. ¿Y tú crees que Él pagó el precio de la sangre para dejarte a ti encerrado en un solo sitio?

Lo que pasa es que no creemos que lo que Dios ha puesto en nosotros es suficientemente valioso como para llevarlo al mundo. Lo creemos valioso para que Dios me prospere a mí, aquí.

No va a tomar un día, no va a tomar dos días, pero tú no puedes estar pensando en una localidad, sino en el mundo. Tienes que pensar en llenar la tierra. Si el mensaje de Cristo crucificado y resucitado se va a predicar en el mundo entero, va a ser a través de ti y a través de mí. Si este mensaje de prosperidad se va a predicar en el mundo entero, es a través de ti y a través de mí.

Piensa que al otro lado del mundo hay gente que necesita lo que Dios te dio. Piensa que esa idea que tú crees que puede cambiar esta esquinita también puede cambiar el mundo. Lo que pasa es que no creemos que uno solo pueda hacer la diferencia. Y por otro lado, se predica tanto el mensaje de unidad que pensamos que solos no podemos hacerlo.

Sí, debemos buscar la unidad, pero nunca la unidad debe ir por encima de tu conciencia de entender que aunque esté el mundo en contra tuya, si Dios te dio algo, tú puedes vencer a todo el mundo. ¿O eso no es el ejemplo de Cristo? ¿No fue uno el que cambió toda la historia? ¿No fue uno el que cambió tu vida? Él se fue en contra de todo el mundo, en contra de toda la familia, en contra del sistema, en contra de todo lo que se había escrito. Ese uno sabía que Él podía ser la diferencia.

Tú y yo tenemos que llenar la tierra. La pregunta es: ¿De qué estás llenando la tierra? Fíjate lo que dice la Palabra del Señor en Génesis 6: 1-6:

> *"Cuando los seres humanos comenzaron a multiplicarse sobre la tierra y tuvieron hijas, los hijos de Dios vieron que las hijas de los seres humanos eran hermosas. Entonces tomaron como mujeres a todas las que desearon. Pero el SEÑOR dijo: Mi espíritu no permanecerá en el ser humano para siempre, porque no es más que un simple mortal; por eso vivirá solamente ciento veinte años. Al unirse los hijos de Dios con las hijas de los seres humanos y tener hijos con ellas, nacieron gigantes, que fueron los famosos héroes de antaño. A partir de entonces hubo gigantes en la tierra. Al ver el SEÑOR que la maldad del ser humano en la tierra era muy grande, y que todos sus pensamientos tendían siempre hacia el mal, se arrepintió de haber hecho al ser humano en la tierra, y le dolió en el corazón."*

¿Tendrá Dios el corazón dolido contigo? Tal vez has llenado la tierra de quejas, odio, rencor. Quizás te has unido con cuanto gigante amorfo ha llegado a tu vida.

¿Con qué estás llenando la tierra?

Veamos el verso 7 de ese mismo capítulo:

"Entonces dijo: Voy a borrar de la tierra al ser humano que he creado. Y haré lo mismo con los animales, los reptiles y las aves del cielo. ¡Me arrepiento de haberlos creado!"

Dios se cansó hasta de los animales. ¿Por qué se arrepintió? Porque se había llenado la tierra de una manera contraria a la que Él le había ordenado. Cuando Dios te sacó del pecado y de la maldición, te sacó para que llenaras toda la tierra de Su gloria, de su imagen, de lo que Él hizo por ti.

Recuerda: "uno" puede hacer la diferencia.

Capítulo 13

El poder de "uno"

¿Cómo yo sé que "uno" puede hacer la diferencia? Veamos lo que dice el Génesis 6:8:

"Pero Noé contaba con el favor del SEÑOR"

Es importante que hagamos un alto en esa palabra "pero". El verso anterior claramente explica que había maldad en la tierra. Al punto de que Dios se arrepintió de haber creado al hombre. Pero Gloria a Dios, que Él siempre tiene aunque sea a uno que haga la diferencia. Dios siempre está buscando a alguien que sea el "PERO" y que cambie toda la historia. **"PERO Noé halló gracia ante los ojos de Jehová".** Uno (Noé) halló gracia delante de los ojos de Jehová, y Él le dio la oportunidad de multiplicarse otra vez. Y Dios le dio la oportunidad a ese uno de llenar la tierra.

¿Y qué si tú eres el "PERO" en tu familia? ¿Y qué si el "PERO" que cambiará la historia está leyendo este libro? ¿Y qué si Dios te sacó a ti de esos problemas y de esas dificultades, y te ha hecho el "PERO"?

El apellido de tu familia no tiene que terminar en deshonra, si hay un "PERO". Tiene que haber alguien que ponga el "PERO" en tu familia, que entienda que comunión trae es fructificación, multiplicación es sembrar semilla, y que uno puede hacer toda, toda, toda la diferencia.

Yo veo en la iglesia que bajamos la guardia con lo que nuestros hijos ven en la computadora o en la televisión. Bajamos la guardia porque estamos tan ocupados que no observamos lo que ellos hablan con aquél. A veces los padres desconocen con quién entran en contacto sus hijos. No sabemos quién está contaminando la semilla que Dios me dio, y hay que velar por aquellos que se multiplicarán y llenarán la tierra.

Te llevo a una historia más. Veamos Marcos 5: 21-34:

> *"Después de que Jesús regresó en la barca al otro lado del lago, se reunió alrededor de él una gran multitud, por lo que él se quedó en la orilla. Llegó entonces uno de los jefes de la sinagoga, llamado*

Jairo. Al ver a Jesús, se arrojó
a sus pies suplicándole con insistencia:
—Mi hijita se está muriendo. Ven y pon tus manos
sobre ella para que se sane y viva.

Jesús se fue con él, y lo seguía una gran multitud,
la cual lo apretujaba. Había entre la gente
una mujer que hacía doce años padecía de
hemorragias. Había sufrido mucho a manos de
varios médicos, y se había gastado todo lo que
tenía sin que le hubiera servido de nada, pues en
vez de mejorar, iba de mal en peor. Cuando oyó
hablar de Jesús, se le acercó por detrás entre la
gente y le tocó el manto. Pensaba: «Si logro tocar
siquiera su ropa, quedaré sana.» Al instante cesó
su hemorragia, y se dio cuenta de que su cuerpo
había quedado libre de esa aflicción. Al momento
también Jesús se dio cuenta de que de él había
salido poder, así que se volvió hacia la gente y
preguntó: —¿Quién me ha tocado la ropa?

—Ves que te apretuja la gente —le contestaron
sus discípulos—, y aun así preguntas: "¿Quién
me ha tocado?" Pero Jesús seguía mirando a su
alrededor para ver quién lo había hecho.

La mujer, sabiendo lo que le había sucedido, se acercó temblando de miedo y, arrojándose a sus pies, le confesó toda la verdad.
—¡Hija, tu fe te ha sanado! —le dijo Jesús—. Vete en paz y queda sana de tu aflicción".

Esta mujer se agarró del borde del manto del Maestro. Cuando Jesús fue tocado por ella, se detuvo. Él reconoció que en aquel toque, había salido virtud y poder de Él. Había una multitud tocándolo, pero una mujer quedó sana. Mucha gente lo tocaba, nada pasaba con ellos. Esta mujer lo tocó y quedó sana.

Veamos Marcos 6: 56:

"Y dondequiera que iba, en pueblos, ciudades o caseríos, colocaban a los enfermos en las plazas. Le suplicaban que les permitiera tocar siquiera el borde de su manto, y quienes lo tocaban quedaban sanos".

¿Por qué unos versos antes, todo el que le tocaba no quedaba sano, y ahora todo el que le tocaba quedaba sano? ¿Quién hizo la diferencia? Una mujer que fue el "PERO" entre todos los que le tocaban. Esta mujer se agarró del borde del manto del Maestro y salió de allí a decirle a todo el mundo: "Yo me arrastré, me tiré, lo toqué y quedé sana". Y de ahí en adelante, la gente no estaba de pie, buscando tocar a Cristo arriba. Todo el mundo buscaba el borde y, si tocaba el borde, quedaba sano. ¿Por qué? Porque "una" hizo la diferencia.

Hasta que tú no expandas tu conciencia, no tendrás dominio. Nunca podrás dominar la enfermedad, la pobreza, ni la deuda, hasta que no entiendas que:

1. Sobre todas las cosas, necesitas comunión con Dios, para fructificar. **FRUCTIFÍCATE**.
2. La salida de tu deuda comienza con tu semilla, con tu ofrenda. Cuando tú trabajas, se añade. Cuando tú das, se multiplica exponencialmente. **MULTIPLÍCATE**.
3. Hasta que tú no abras tu conciencia y comprendas que "uno" puede hacer todas las diferencias, no vas a llenar la tierra. **LLENA LA TIERRA.**

Parte IV
Cuarto Paso:

SOMETE LA TIERRA

Capítulo 14

Las tres esferas para controlar

Queremos conquistar la Luna, Marte y el océano. Mientras más encontramos y mientras más alcanzamos, más queremos. Eso es lo que Dios ha puesto en nuestros corazones. Lo que ocurre es que no podemos perder la perspectiva de cómo realmente es que llegamos a ese nivel. Dios no te va a dar dominio sobre nada que primeramente tú no hayas fructificado, que tú no hayas multiplicado y que tú no hayas llenado la tierra con eso. El proceso es: fructifica, multiplica, llena la tierra, entonces sojúzgala, y después tendrás dominio.

En el orden de Dios camino al dominio, el cuarto paso es someter o sojuzgar. La palabra "sojuzgar" o "someter" se refiere a la administración. Cuando vamos al contexto histórico y al origen de la palabra en hebreo, el significado se entiende mejor en la versión inglesa. En inglés esa palabra es "subdue" (someter) y después dice "rule" (gobernar o regir). Somete a las cosas y entonces rige. El dominio, pues, comienza desde que tú empiezas a sojuzgar la tierra.

Dios rodeó al hombre de tres esferas para su control.

Observa cómo trabajó Dios para que tú llegaras a asumir dominio sobre ti mismo. Dios creó al hombre y lo puso en un huerto rodeado de animales que vivían bajo instinto y dominaban en las tres esferas que, físicamente, rodeaban al hombre: los cielos, las aguas y la tierra. Esos animales encarnaban los pensamientos y las influencias negativas que están en tres niveles de tu vida: las aves en los aires son los pensamientos que vienen a tu mente; los peces en el mar representan los pensamientos del interior; y los animales de la tierra son aquellos instintos grabados en tu hombre natural.

Por eso es que la Biblia dice que la Palabra de Dios es más cortante que toda espada de dos filos, penetra hasta partir el alma y el espíritu y El conoce las intenciones del corazón. Por eso es que yo no creo que el pensamiento positivo por sí solo cambie a una persona. Tú puedes pensar positivamente con tu mente, pero en tu corazón no creerlo. Puedes llenarte de motivación con la Palabra de Dios, pero lo que necesitas es que la Palabra de Dios transforme tu vida. Lo que la Palabra de Dios va a hacer en tu vida es restablecer la imagen de Dios en ti. Y esa imagen de Dios en ti es la que va a someter tres cosas: los pensamientos, tu hombre natural y las profundidades de tu interior.

Capítulo 15

Cuando pierdes la imagen de Dios

Cuando Adán caminaba por la tierra, los animales creían que el que estaba caminando era Dios. Por eso Dios creó al hombre a Su imagen y Su semejanza. No tan sólo el hombre se parecía por fuera a Dios, sino que en el interior Dios pretendía que el hombre pensara como él.

La Palabra dice que los ángeles nunca habían visto a Dios hasta que vieron la imagen de Dios reflejada en el hombre. Así que, cuando el hombre perdió la imagen de Dios en él, se descontrolaron todas las esferas de tu vida. Del mismo modo, cuando la imagen de Dios que el mundo logra poner en ti es la incorrecta, todas tus inclinaciones se inclinan hacia el mal.

Cuando pierdes la imagen de Dios en ti, tu cuerpo, tu espíritu y tus pensamientos se descontrolan.

Cuando esto ocurre, se descontrola tu naturaleza carnal y vives por instinto. Descuidas tu cuerpo y haces con él lo que te parece. El día que tú entiendes que tu cuerpo es templo del Espíritu Santo y que no es correcta la imagen que estás teniendo de ti, empiezas a arreglar tu vida. Dejas de ceder a los instintos de la carne porque ahora sabes cuál es la imagen de Dios.

Igualmente, cuando tú tienes la imagen correcta de Dios, sometes tus pensamientos. Las bestias y los peces van a seguir ahí, pero cuando Dios camina, tienen que someterse. Cuando la imagen de Dios camina en tu vida, el león tiene que volver a su sitio, el pájaro tienen que volver a su sitio, los peces de lo profundo de tu interior no toman control sobre tu vida, porque ahora eres la imagen de Dios.

Recuerda que las cinco bendiciones que Dios otorgó al primer hombre, Adán, se acortaron a tres cuando entró la maldad en Noé. Si el hombre pierde la imagen correcta de Dios, Él no puede darle la autoridad para sojuzgar ni para dominar. Entonces la única forma de dominio que podrá expresar el hombre será través del miedo.

Una cosa es cuando la creación te responde por miedo y una muy distinta cuando te responde por autoridad. No es lo mismo cuando tus hijos te responden porque tienen miedo, a cuando te responden porque reconocen tu autoridad. Una cosa es cuando tu mujer te demuestra amor por miedo, y otra muy distinta cuando ese amor contiene tanto respeto y reverencia hacia ti, que se derrite cuando tú te le acercas. Si lo que te tiene es miedo, se somete, pero no por las razones correctas.

Hay gente que ha prosperado y ha sometido la pobreza, pero han prosperado por miedo. Y cuando tú prosperas por miedo no puedes disfrutar de la prosperidad que has logrado.Cuando tú prosperas por miedo a ser pobre, lo que provocó esa prosperidad fue un pensamiento de pobreza. Entonces te pasas la vida pensando que algún día lo puedes perder todo. El que se casó por no estar solo, lo que tiene en su mente es miedo a la soledad, y estando casado, se sigue sintiendo solo.

Cuando Adán caminaba en el huerto, la creación no se sometía por miedo, se sometía por reconocimiento a la imagen de Dios, por la autoridad que aquello representaba. Por eso es que todo estaba bajo control, en orden. Sin embargo, Noé no obtuvo el mismo derecho. No tenía la misma capacidad espiritual. ¿Por qué? Porque la única razón por la que Adán podía someter la tierra a ese nivel, era porque él estaba sometido a Dios primero. Tú nunca podrás someter si primero no te sometes.

Tú debes someterte a Dios por autoridad y no por miedo.

Yo sé que la Biblia dice que el hombre tiene que ser la cabeza del hogar. Seguro que sí...mientras el hombre tenga cabeza. Por supuesto que el hombre debe ser la cabeza del hogar siempre y cuando el hombre esté sometido a Dios. Cuando una mujer ve que un hombre está sometido a Dios, puede entregarse por completo.

Si tú no estás dispuesto a someterte a Dios ¿cómo pretendes someter a tus hijos y que tus hijos caminen por autoridad y por respeto, si tú eres la primera persona que violas todos los protocolos y todas las autoridades establecidas? ¿Cómo pretendes que tu hijo te respete si tú eres el primero que no respetas las leyes de la tierra? ¿Cómo pretendes que tu hijo te respete, si tú no respetas a tu pastor? ¿Cómo pretendes que tu hijo te respete y que hable bien de ti si tú hablas mal de todos los que tu hijo ve que están en autoridad? Eso es ilógico.

Va a haber personas que no se quieren someter a nadie, no quieren darle cuentas a nadie, pero sí quieren someter a otros. Ahí no hay respeto hacia los demás. Hay personas que me han preguntado: "Pastor, ¿por qué Dios le ha dado a usted favor y gracia en estos pasados años, con todos estos otros pastores?" Les contesto, "porque todo el que es pastor y todos esos líderes, han recibido algo de mí. ¿Saben lo que han recibido? Respeto. Tal vez no compartamos las mismas posturas teológicas, pero les respeto. A todo el que es capaz de reconocer autoridad y respetarla, Dios le tiene que dar favor y gracia.

El que no se somete a Dios, no puede someter nada.

Capítulo 16

Sin someternos a Dios, nada podemos hacer

Tú no podrás dominar sobre las situaciones en tu vida, hasta que sepas someterte a autoridad. Es mejor que yo escoja o que Dios escoja a quién yo me voy a someter, antes de que el mundo escoja quién me somete. Es mejor que Dios ponga una autoridad sobre tu vida, porque cuando Dios te da un pastor, te da un pastor conforme a tu corazón. Cuando Dios te pone alguien de autoridad, te pone alguien de acuerdo a lo que El sabe que hay en tu corazón. Y es mejor que tú te sometas a esa autoridad que Dios te ha dado y que Dios te ha puesto.

Veamos Génesis 14: 17-20:

"Cuando Abram volvía de derrotar a Quedorlaómer y a los reyes que estaban con él, el rey de Sodoma salió a su encuentro en el valle de Save, es decir,

en el valle del Rey. Y Melquisedec, rey de Salén y sacerdote del Dios altísimo, le ofreció pan y vino. Luego bendijo a Abram con estas palabras: ¡Que el Dios altísimo, creador del cielo y de la tierra, bendiga a Abram! ¡Bendito sea el Dios altísimo, que entregó en tus manos a tus enemigos!"

Abraham salió de aquel valle con una victoria. Salió con los Nacidos en Casa, con dinero, había derrotado a cinco reyes, y se encontró con dos reyes: el rey de Sodoma y el rey Melquisedec, de Salem. Abraham le prestó atención al rey Melquisedec y le entregó el diezmo de todo lo que ganó.

Es interesante que siempre que tengamos victorias, se nos van a aparecer el rey de Sodoma y el rey Melquisedec. Tendremos que escoger a quién nos someteremos. El Rey Melquisedec le dijo unas palabras a Abraham que impactaron su vida, y lo pusieron en un nivel mayor, en una clase aparte. Cuando Abraham vio eso, su primera reacción fue diezmar.

¿Sabes que esa es una de las primeras reacciones de una persona que se está sometiendo a Dios? Cuando una persona quiere someterse, una de las primeras decisiones que toma es buscar un lugar dónde diezmar.

El lugar donde tú llevas tus diezmos, es el lugar donde tú estás sometido. Si el carro en el que tú andas lo pagas con los diezmos, ese carro es tu dueño. Si con el diezmo tú pagas cable TV, el cable TV es tu dueño; el cable TV es el que determina a qué nivel tú estás. El cable TV determina lo que posees en la tierra y en el cielo. Y el cable TV determina cuáles son los enemigos que tú puedes vencer y cuáles no.

Cuando un hombre aprende a someterse a Dios y actúa sobre la Palabra de Dios, y la imagen de Dios se posa en su vida, entonces todo comienza a cambiar. De ahora en adelante vas a poseer toda la tierra, donde quiera que tú pises te vas a extender y vas a hacer una nación.

¿Qué quiere decir que vas a hacer una nación? Significa que vas a tener tu propia cultura. Eso es lo que el Cuerpo de Cristo debe hacer: convertirse en una nación, tener nuestra propia cultura y nuestro propio sistema económico. Debemos tener nuestra forma de hablar, nuestra forma de expresarnos, nuestras propias canciones, seguir poseyendo poco a poco toda la tierra, hasta llenarla. Todo tenemos que hacerlo bajo la imagen correcta de Dios.

¿Cuál es la imagen que predomina en ti, la imagen que el hombre te ha hecho creer o la imagen que Dios ha puesto en tu vida? ¿Cuál es la imagen sobre la cual se están sometiendo todas las cosas a tu alrededor, la imagen de Dios o la imagen que otro ha puesto en ti? Hoy es un buen día para que entiendas que hasta que tú no salgas de todos esos pensamientos de rebeldía, en contra de la autoridad, en contra de aquellos que Dios ha puesto en tu vida como autoridad, y no seas capaz de reverenciarlos y respetarlos, nada va a suceder. Vivirás con las esferas de tu vida descontroladas.

Capítulo 17

¿Quién eres?

El plan de Dios para el hombre es que el hombre sojuzgue la tierra y que todos sus enemigos se sometan bajo la planta de sus pies. El plan de Dios es que vengan en contra de ti por un camino y que por siete salgan delante de ti. El plan de Dios es que como los cuatro leprosos, vayas caminando hacia el campamento y sea un ejército lo que se oiga con tus pasos. Cuando llegues allí, todo lo que el enemigo posea te tiene que pertenecer simplemente porque Dios va contigo, porque la imagen de Dios que camina contigo donde quiera que vas. Eso es lo que Dios quiere hacer, eso es lo que Dios quiere darte.

Lo que tú tienes que entender es que tienes que comenzar a levantar la imagen de Dios en tu vida. Tienes que comenzar a levantar eso que Dios ha dicho que tú eres. Tú eres un hijo de Dios Altísimo. Dios te ha dado la misma palabra que le dio a Abraham. Dios te elevó por encima de los animales, de la creación y de todas las cosas.

Tú eres mejor que los problemas que atacan tu vida. Dios te ha puesto a vivir por encima de todo. Tienes que pensar de esta manera:

> *"La gente puede pensar de mí lo que quiera, pero yo soy mejor que este mundo. Yo soy mejor que las circunstancias que estoy viviendo. Yo soy mejor que lo que la gente piensa que yo soy. Yo soy más grande. Yo vivo por encima. La Biblia dice que Él me hizo para ser cabeza y no para ser cola, para estar encima solamente y no para estar debajo".*

La Iglesia ha perdido ese deseo. Sin embargo, el mundo lo tiene. El mundo quiere conquistar la tierra, los aires, el espacio, las profundidades. Lo que el mundo no se ha dado cuenta es que su deseo de conquistar los mares es el deseo de conquistar lo más profundo del hombre. Porque todo lo que el hombre no ha podido hacer consigo mismo, busca hacerlo en la tierra. El deseo del hombre de conquistar los aires es el deseo del hombre interno. Todo comienza con el deseo de conquistar sus pensamientos. El deseo del hombre de conquistar la tierra, de conquistar los animales y de pisar toda la tierra, es el deseo de conquistar su parte carnal. Eso es lo que Dios ha puesto en nosotros.

¿Quién domina en tu vida?

Tal vez tú perdiste el deseo de viajar, de salir, de conquistar, de luchar, de triunfar, de tener éxito. La pregunta para ti es la misma que Dios le dijo a Adán: ¿quién te enseñó que estabas desnudo, quién te enseñó que no estás vestido a la imagen de Dios, quién te enseñó que cuando el mundo te ve no puede ver a Dios en ti?

¿Cuál es la imagen que está reinando en tu vida? ¿La imagen que tiene todo el mundo, que la única forma de pagar una deuda es a treinta años? ¿O tú le sirves al Dios que cancela deudas? Porque el acto de cancelación de deudas más grande del mundo fue la muerte y la resurrección de Cristo. La deuda que nuestros pecados habían hecho, Él la canceló por completo en la cruz del Calvario.

Comienza a renovar la imagen de Dios en ti. El mundo quiere poner una imagen incorrecta en tu vida. Y tú quieres vivir bajo esa imagen. Te has sometido a esa imagen, y por eso tus pensamientos se descontrolan, pero llegó el momento de someterte a Dios.

Dios te quiere próspero y bendecido. Dios te quiere en salud porque tú eres un hijo de Dios, porque tú eres un rey, porque tú eres una reina, porque tú eres un más que vencedor. Dios va a suplir todas tus necesidades conforme a Sus riquezas en gloria. Él te ha bendecido, te ha prosperado y ningún alma forjada contra ti prosperará. Él condenará toda lengua que se levante en juicio contra ti. Reclámalo para tu vida y vas a ver cómo todo lo que está a tu alrededor comenzará a someterse. Estás a un paso sólo de recibir la autoridad de Dios para dominar.

Parte V
Quinto Paso:

EJERCE TU DOMINIO

Capítulo 18

Adopta la imagen de Dios

La meta final del hombre, de acuerdo con el plan de Dios, es tener dominio, pero hay una sola manera de poder llegar a ese dominio. Como hemos explicado en este libro, el orden de Dios es fructificar, multiplicar, llenar la tierra, sojuzgar y, al final, dominar. Ya vimos los primeros cuatro principios espirituales.

El quinto mandato de Dios para el hombre fue "domina". Solamente puedes dominar cuando adoptas la imagen de Dios en ti. Esa imagen no tiene que ver con vestirte de cierta manera o comer ciertos alimentos. La iglesia tradicional te obliga, te prohibe, te condena y te hace sentir culpable.

Sin obligarla, yo puedo enseñarle a una mujer que ella es una hija de Dios, una princesa, aprende a reflejar la imagen de Dios en ella y comenzará a arreglarse correctamente. Mientras más yo trato de someterla y de obligarla, más querrá experimentar lo que el mundo siente. Pero si yo levanto su autoestima, y le dejo saber que la Biblia dice que ella es el templo del Espíritu Santo, entonces, entenderá que dentro de ella vive el Dios Todopoderoso, y que ese templo no puede estar lleno de basura.

Por eso es que tú tienes que levantar la imagen de Dios que hay en tu vida. Tú no eres cualquier cosa, tú eres un hijo de Dios, tú eres un rey, tú eres una reina. Eso es lo que dice la palabra del Señor, **"tú eres real sacerdocio, linaje escogido, real sacerdocio, un pueblo adquirido por Dios".**

Quiere decir que tú vales algo por lo que Dios pagó un precio muy alto. El precio que pagó fue el de la sangre de Jesucristo en la cruz del Calvario. En Apocalipsis dice que Él nos hizo reyes y sacerdotes para Su gloria y para poder.

¿Qué vas a obedecer: lo que cualquiera dice de ti o lo que Él dijo de ti? Pero recuerda que la Biblia dice que no tengamos más alto concepto de nosotros que el que debamos tener. Tú debes tener exactamente el concepto de ti que Dios ha dicho.

Dios quiere darte dominio.

La Biblia dice que Él te ha hecho una nación santa, una nación pura. Esa es la imagen de Dios con la que tú debes caminar en esta tierra. Es la única manera en que tendrás control y autoridad sobre tu mente, sobre tu carne.

Cuando entiendes eso, Dios te puede dar dominio. Dios quiere darte dominio; quiere darte autoridad sobre todas las cosas. Dios quiere ponerte al nivel de Él. La Biblia dice que si hemos sufrido con Él, juntamente con Él vamos a reinar. Dios busca personas sobre las cuales Él pueda poner responsabilidad y autoridad. Si no lo hacemos nosotros, ¿quién lo va a hacer?

El mundo te quiere esclavo, pero Dios quiere que tú tengas autoridad. Eso no quiere decir que tú no vas a trabajar ni que tener autoridad no es trabajo. Lo que quiere decir es que tú tienes que cambiar tu conciencia. Dios te hizo para ser cabeza, y no para ser cola.

Tienes que tomar dominio y autoridad sobre tu vida, y entender que Dios te llamó para dominar sobre tus finanzas. El dinero no debe gobernarte a ti. Es Dios quien debe tener autoridad sobre tu vida. No es tu jefe quien tiene que decidir dónde tú vas a vivir. Es Dios quien debe decidir dónde tú vas a vivir. Tú debes tomar autoridad, levantarte Y tomar dominio.

Mira lo que dice el capítulo 4 de Daniel. Este nivel que se presenta aquí es donde todos nosotros tenemos que llegar.

"El rey Nabucodonosor, a todos los pueblos y naciones que habitan en este mundo, y a toda lengua: ¡Paz y prosperidad para todos! Me es grato darles a conocer las señales y maravillas que el Dios Altísimo ha realizado en mi favor. ¡Cuán grandes son sus señales! ¡Cuán portentosas son sus maravillas! ¡Su reino es un reino eterno! ¡Su soberanía permanece de generación en generación!

Yo, Nabucodonosor, estaba en mi palacio, feliz y lleno de prosperidad, cuando tuve un sueño que me infundió miedo. Recostado en mi lecho, las imágenes y visiones que pasaron por mi mente me llenaron de terror. Ordené entonces que vinieran a mi presencia todos los sabios de Babilonia para que me interpretaran el sueño. Cuando llegaron los magos, hechiceros, astrólogos y adivinos, les conté mi sueño pero no me lo pudieron interpretar. Finalmente Daniel, que en honor a mi Dios también se llama Beltsasar, se presentó ante mí y le conté mi sueño, pues en él reposa el espíritu de los santos dioses.

Yo le dije: «Beltsasar, jefe de los magos, yo sé que en ti reposa el espíritu de los santos dioses, y que no hay para ti ningún misterio demasiado difícil de resolver. Te voy a contar mi sueño, y quiero que me digas lo que significa. Y ésta es la tremenda visión que tuve mientras reposaba en mi lecho: Veía ante mí un árbol de altura impresionante, plantado en medio de la tierra. El árbol creció y se hizo fuerte, y su copa tocaba el cielo, ¡hasta podía verse desde cualquier punto de la tierra! Tenía un hermoso follaje y abundantes frutos; ¡todo el mundo hallaba en él su alimento! Hasta las bestias salvajes venían a refugiarse bajo su sombra, y en sus ramas anidaban las aves del cielo. ¡Ese árbol alimentaba a todos los animales!

»En la visión que tuve mientras reposaba en mi lecho, vi ante mí a un mensajero santo que descendía del cielo y que a voz en cuello me gritaba: "¡Derriba el árbol y córtale las ramas; arráncale las hojas y esparce los frutos! ¡Haz que las bestias huyan de su sombra, y que las aves

abandonen sus nidos! Pero deja enterrados el tocón y las raíces; sujétalos con hierro y bronce entre la hierba del campo. Deja que se empape con el rocío del cielo, y que habite con los animales y entre las plantas de la tierra. Deja que su mente humana se trastorne y se vuelva como la de un animal, hasta que hayan transcurrido siete años.

»Los santos mensajeros han anunciado la decisión, es decir, el veredicto, para que todos los vivientes reconozcan que el Dios Altísimo es el soberano de todos los reinos humanos, y que se los entrega a quien él quiere, y hasta pone sobre ellos al más humilde de los hombres.

»Yo, Nabucodonosor, tuve este sueño. Ahora tú, Beltsasar, dime qué es lo que significa, ya que ninguno de los sabios de mi reino me lo pudo interpretar. ¡Pero tú sí puedes hacerlo, porque en ti reposa el espíritu de los santos dioses!»

Daniel, conocido también como Beltsasar, se quedó desconcertado por algún tiempo y aterrorizado por sus propios pensamientos; por eso el rey le dijo: Beltsasar, no te dejes alarmar por este sueño y su significado. A esto Daniel respondió: Ojalá que el sueño y su significado tengan que ver con los acérrimos enemigos de Su Majestad! La copa del árbol que Su Majestad veía crecer y fortalecerse, tocaba el cielo; ¡hasta podía verse desde cualquier punto de la tierra! Ese árbol tenía un hermoso follaje y daba abundantes frutos, y alimentaba a todo el mundo; bajo su sombra se refugiaban las bestias salvajes, y en sus ramas anidaban las aves del cielo. Ese árbol es Su Majestad, que se ha hecho fuerte y poderoso, y con su grandeza ha alcanzado el cielo. ¡Su dominio se extiende a los lugares más remotos de la tierra!

»Su Majestad veía que del cielo bajaba un mensajero santo, el cual le ordenaba derribar el árbol y destruirlo, y dejarlo enterrado para que se empapara con el rocío del cielo, aunque tenía que sujetar con hierro y bronce el tocón y las raíces. De este modo viviría como los animales salvajes hasta que transcurrieran siete años.

»La interpretación del sueño, y el decreto que el Altísimo ha emitido contra Su Majestad, es como

sigue: Usted será apartado de la gente y habitará con los animales salvajes; comerá pasto como el ganado, y se empapará con el rocío del cielo. Siete años pasarán hasta que Su Majestad reconozca que el Altísimo es el soberano de todos los reinos del mundo, y que se los entrega a quien él quiere. La orden de dejar el tocón y las raíces del árbol quiere decir que Su Majestad recibirá nuevamente el reino, cuando haya reconocido que el verdadero reino es el del cielo. Por lo tanto, yo le ruego a Su Majestad aceptar el consejo que le voy a dar: Renuncie usted a sus pecados y actúe con justicia; renuncie a su maldad y sea bondadoso con los oprimidos. Tal vez entonces su prosperidad vuelva a ser la de antes.»

En efecto, todo esto le sucedió al rey Nabucodonosor. Doce meses después, mientras daba un paseo por la terraza del palacio real de Babilonia, exclamó: «¡Miren la gran Babilonia que he construido como capital del reino! ¡La he construido con mi gran poder, para mi propia honra!»

No había terminado de hablar cuando, desde el cielo, se escuchó una voz que decía: Éste es el decreto en cuanto a ti, rey Nabucodonosor. Tu autoridad real se te ha quitado. Serás apartado de la gente y vivirás entre los animales salvajes; comerás pasto como el ganado, y siete años transcurrirán hasta que reconozcas que el Altísimo es el soberano de todos los reinos del mundo, y que se los entrega a quien él quiere.» Y al instante se cumplió lo anunciado a Nabucodonosor. Lo separaron de la gente, y comió pasto como el ganado. Su cuerpo se empapó con el rocío del cielo, y hasta el pelo y las uñas le crecieron como plumas y garras de águila. Pasado ese tiempo yo Nabucodonosor, elevé los ojos al cielo, y recobré el juicio. Entonces alabé al Altísimo; honré y glorifiqué al que vive para siempre: Su dominio es eterno; su reino permanece para siempre. Ninguno de los pueblos de la tierra merece ser tomado en cuenta. Dios hace lo que quiere con los poderes celestiales y con los pueblos de la tierra. No hay quien se oponga a su poder ni quien le pida cuentas de sus actos. Recobré el juicio, y al momento me fueron devueltos la honra, el esplendor y la gloria de mi reino. Mis consejeros y cortesanos vinieron a buscarme, y me fue devuelto el trono. ¡Llegué a ser más poderoso que antes! Por eso yo, Nabucodonosor, alabo, exalto y glorifico al Rey del cielo, porque siempre procede con rectitud y justicia, y es capaz de humillar a los soberbios".

Este es un hombre rico, en su palacio, que estaba perturbado en su conciencia. Tuvo un sueño muy poderoso que nadie podía interpretar excepto Daniel. El sueño era acerca de un árbol al cual venían todas las aves, las bestias del campo se cobijaban debajo de él, en fin, todo el mundo comía de él, y el árbol crecía. El problema es que este árbol comenzó a crecer y a crecer, y a crecer, y creció muy grande (eso representa prosperidad, abundancia), pero de repente, ese árbol se mandó a cortar. ¿Por qué se mandó a cortar ese árbol?

Algo estaba mal. De ser un árbol frondoso, Nabucodonosor, según su sueño, iba a convertirse en una bestia, y así mismo ocurrió. A Daniel no le turbaba la interpretación del sueño, sino cómo decírselo al Rey. Yo vengo a decirte lo mismo que Daniel le dijo al Rey: "Ojalá este sueño sea para tus enemigos y no para ti".

Capítulo 19

Una sentencia

Hay una sentencia dada en el Cielo para tu vida. Y ojalá tú puedas comprender lo que dice arriba el verso 25. Si recibes ese verso en tu espíritu, tu vida entera va a cambiar para siempre.

Nabucodonosor estaba prosperando y desarrollándose hasta alcanzar el mundo. Su reinado se estaba expandiendo. El problema fue que el corazón de Nabucodonosor se había dañado. No era un corazón correcto para Dios. Nabucodonosor creía que lo que había alcanzado era por sus propias fuerzas, que era para él. Según la historia, Nabucodonosor llegó a convertirse en una bestia. La profecía se cumplió. Nabucodonosor se vivió loco por siete años. Se dejó crecer las uñas, el cabello, hablaba y caminaba como un animal.

Cuando en tu conciencia pierdes la revelación de que la autoridad y el dominio es de Dios, te vuelves un animal. Cuando pierdes la conciencia de que Dios es quien da la prosperidad a quien Él quiere, viene una sentencia sobre tu vida. Por eso es que no debes tener tanto problema con la gente del mundo que prospera. La sentencia ha sido dada. Aquel que no entienda el dominio y la autoridad de Dios Todopoderoso sobre su vida, toda su vida le va a cambiar.

¿Tú no has visto gente que de momento prospera, progresa, y después cuando la miras, parecen bestias? Sus vidas se vuelven locas. Yo los he visto aquí en la iglesia. Dios comenzó a prosperarlos, a bendecirlos, a levantar sus vidas, pero en alguna parte hubo una desconexión entre ellos y el Dios que da toda autoridad. Y ahora comienzan a comportarse como bestias, como animales.

Cuando un hombre no entiende el dominio de Dios, todo su ser se descontrola, toda su vida se descontrola. Y todo aquello que Dios le había dado, lo pierde. ¡La sentencia había sido dada! ¿Sabes cuánta gente ha tenido oportunidades para llegar a grandes posiciones, para hacer grandes cosas, y las han desperdiciado? Cuando tú pensabas que estabas en tu mejor momento, te desenfocaste, tu mirada se fue al lugar incorrecto y perdiste tu bendición.

Qué triste ver a un hombre prosperar toda una vida y por un error, perderlo todo. Qué triste sería que Dios te haga prosperar, que tú prosperes, pero que el corazón se te dañe y lo pierdas todo.

Tú no hiciste nada solo. El cielo gobierna.

Cuida tu corazón. Porque después que Dios te prospera, después que Dios te bendice, lo triste es que por un error, una bestialidad, tú lo pierdas todo, todo lo que Dios te ha dado. Y por un momento, piensa en cuántas bestialidades has cometido en tu vida, cuántas cosas te han hecho comer tierra, porque te dejaste llevar por tus instintos cuando Dios te estaba prosperando, cuando Dios te estaba bendiciendo.

No hay tal cosa como un divorcio amigable. Todo divorcio es pérdida; no hay manera de ganar en un divorcio. Un mal error en las finanzas te va a cancelar tu crédito por siete, ocho, nueve años, quizás para toda una vida. En el mundo natural esa marca va a estar allí.

Si no hubieras ido a la fiesta incorrecta, en el lugar incorrecto, y no te hubieses acostado con la persona incorrecta, no tendrías que estar pagando esas consecuencias que estás viviendo. Toda la vida de una persona puede cambiar en una fiesta, con un trago. Tal vez viste que se te acercó la gente incorrecta, era el momento de decir: "este no es mi lugar", debo salir de aquí, pero no tomaste la decisión correcta.

Ojalá tú pudieras entender que aún con todo lo que has perdido, lo que tienes hoy es mucho para arriesgarte a perderlo. A lo mejor tú no tienes todo lo que deberías tener, pero lo que tienes es demasiado para perderlo. A lo mejor no estás en el lugar que deberías estar por los errores que cometiste en el pasado, pero lo que tienes hoy es más de lo que deberías tener, porque el error que cometiste en el pasado debió haber acabado con tu vida, deberías estar muerto y Dios te salvó. Deberías estar en un manicomio y Dios te sacó. Deberías estar en la bancarrota y todavía al día de hoy tus talentos te permiten trabajar, y estás aquí. Y aunque no tienes todo lo que deberías tener, lo que tienes hoy es demasiado como para volver a perderlo.

Capítulo 20

Dios da autoridad a quien Él quiere

Dios te quiere dar autoridad. Él quiere darle autoridad a los que reconocen y aceptan que Él le da autoridad a quien Él quiere. Por eso es que tú debes decirle: "Gracias Señor, porque este carro me lo diste Tú". "Gracias Señor, porque esta casa me la diste Tú". No podemos estar cuestionando por qué aquel lo tiene, por qué aquel no lo tiene, por qué yo lo tengo, por qué yo no lo tengo. No, porque tú tienes algo y Dios te lo va a traer a manifestación. Lo primero que tienes que reconocer para llegar al nivel de domino, es que Dios se lo da a quien Él quiere.

Dios le dice a Nabucodonosor a través de Daniel, "vas a ser una bestia hasta que conozcas dos cosas: que lo que tienes, ese reino que tú tienes, te lo dio Dios, y el día que Dios quiera, se lo da a otro". Ojalá tú termines de leer este libro, no con miedo, pero con el temor de Jehová sobre tu vida. Le pido a Dios que tú puedas entender que hoy deberías convertirte en una persona a quien Dios quiera darle el reino.

Lo segundo que Daniel le dice a Nabudoconosor es: "Hasta que tú conozcas, Nabucodonosor, que el cielo gobierna". Lo interesante es que aún a este hombre, el Rey Nabucodonosor, siendo un impío, Dios le dice: "tus raíces quedarán firmes hasta que entiendas". Las raíces permanecen porque Dios nunca cortará al hombre de la tierra para la eternidad. Dios nunca eliminará al hombre por la eternidad. Dios lo que tiene que podar son sus ramas, y sus raíces se quedan, hasta que entienda.

¿Sabes que en tu vida no está todo perdido? Fíjate que Dios no tenía problema con que él fuera un árbol frondoso, donde hubiera aves, y las bestias del campo llegaran. Él no tenía problema con eso. Con lo que Dios tenía problema era con el hecho de que él no reconociera quién era Dios.

Una vez tú entiendes que Dios se lo da a quien Él quiere, y que el cielo gobierna, entonces volverás a florecer. Y saldrás de la bestialidad hacia el dominio. Las bestias del campo dejarán de dominar sobre tu vida, para ser tú el que domines sbre ellas. Por eso para ti hay esperanza porque lo que perdiste no fueron las raíces, sino las ramas.

Pero todo eso puede regresar si tú entiendes dos cosas: que Dios se lo da a quien Él quiere, y dos, que el cielo gobierna. ¡El cielo gobierna!

Reconoce a Dios como el autor de tus talentos. Dios te quiere dar dominio, Dios te quiere dar autoridad, Dios te quiere bendecir. Pero aprende esto. Él te creó para reinar sobre la tierra, te bendijo, te ordenó y planeó darte la capacidad de fructificarte, multiplicarte, llenar la tierra y someterla. Ninguna de estas cosas las hiciste por ti solo. Con esa misma autoridad que Dios imprimió en ti Su Palabra desde la Creación, el cielo gobierna para concederte la bendición final: **el dominio.**